AF613569

RECUEIL
de
Tares et Usages
des principales villes de commerce
de l'Europe, des Etats Unis
d'Amérique et d'Egypte.
Par
J. J. Bürgy
à
Basle
Mulhausen
chez J. Risler & Cie
1825
BIBLIOTHÈQUE ROYALE

Les formalités exigées par la loi ayant été remplies, je poursuivrai devant les Tribunaux tout Contrefacteur ou Distributeur d'édition contrefaite.

J. J. Bürgy

AVERTISSEMENT.

L'Ouvrage que j'offre ici au Public commerçant, est desiré depuis longtems, et le retard qu'a éprouvé sa publication n'est dû qu'aux changemens de quelques conditions dans plusieurs villes de commerce, qui font partie de ce recueil et qui m'ont parû trop importants pour ne pas les intercaler à leur place.

Son utilité incontestable pour les transactions commerciales me permet d'espérer, qu'il sera accueilli favorablement.

Je suis cependant loin de l'idée, que cet ouvrage ait atteint le dégré de perfection, dont il est susceptible, mais ceux qui sont à même de l'apprécier, me tiendront compte de mes efforts, pour porter la lumière dans une partie essentielle et intéressante pour les commerçans.

Le desir de compléter autant que possible ce recueil, de tout ce qui est susceptible d'intéresser le commerce en général, et celui de France en particulier, m'a engagé, de retarder jusqu'àprésent sa publication, pour ajouter à la fin le supplément du Tarif des tares et usages de Paris, d'après le nouveau tableau qui vient de paroître.

NOTA. Il est essentiel de consulter les observations générales, qui sont à la suite de chaque place, avant d'établir des calculs.

Pour annoter les changemens casuels et les additions, il conviendrait de faire intercaler du papier blanc à la reliûre de ce recueil.

ERRATA.

HAVRE. F° 27. La tare des Thés soatschon etc. en ½ caisse est de 6 kil. au lieu de 4 kil.

NANTES. « 33. Sur les Cafés de la Havanne en sacs de toile, lisez 2½ % au lieu (tare.)

LONDRES « 8. Les Indigos se vendent par ℔ au lieu par quintal, et jouissent ainsi que les Jalaps et Ipécacuanhas d'un bon poids de 1 ℔ par colis.

TABLE ALPHABÉTHIQUE.

Allemagne

BRÊME.

Toutes les marchandises se vendent ou Tare *nette* ou Tare conditionnelle, au terme de 2 à 3 mois, payables en louisd'or vieux à 5 rixdalers, le rixdaler à 72 grots.

POIDS ET MESURES.

Le poids lourd est de 300 ℔, et le quintal de ℔ 116.

Les fers se vendent par ℔ 120.

Les Cacaos, Cafés, Cotons, Cuirs, Drogueries, Épiceries et Teintures fines se vendent par ℔, et la plupart des autres marchandises *par* ℔ 100.

Les grains et sels se vendent au last à 40 boisseaux; le boisseau est égal à 71 litres de France; 1 tonne de sel contient $3\frac{1}{3}$ boisseaux

Les vins de France se vendent par barique (oxhofts)

dito de Portugal et Madère p. pipe.

dito d'Espagne p. botte.

L'eau-de-vie, l'esprit, le rhum et l'arac par 30 viertels (qui font $217\frac{1}{2}$ litres.)

Les harengs par tonne de 800 à 900 pièces.

L'huile de baleine se vend par 6 stekans (à 16 minkels), qui pèsent ℔ 216 *nets* ou kilogr. $107\frac{1}{10}$.

Une barique huile de baleine anglaise contient 23 à 24 stekans, et pèse environ ℔ 883.

L'huile de foie de Bergue par tonne.

FRANCFORT s. M.

	Vendu par	*Tare*
BOIS de teinture	quintal	—
CACAO	℔	nette
CAFÉ	«	«
CANNELLE	«	«
COCHENILLE	«	«
COTON Géorgie et Levant	quintal	4 à 5%
— Caroline et Louisiane	«	5%
— Bengale et Surate	«	6%
CURCUMA	℔	nette
CUIRS secs	«	«
GALLE (noix de)	«	«
GINGIMBRE	«	«
GOMME	«	«
GARANCE	quintal	«
GRAINES de Perse	«	«
— de trèfle	«	«
GIROFLE	℔	«
INDIGO	«	«
HUILE d'olive et de graine	quintal	«
— de poisson	℔ 448	«
LAINES	quintal	«
MACIS et muscades	℔	«
PIMENT	«	«
POIVRE en balles de trois quintaux	quintal	℔ 5
— en sacs	«	nette
POTASSE.	«	«
QUERCITRON	«	«
QUINQUINA	℔	«
RIZ divers	quintal	«
ROCOU	℔	«
SAFRANUM	«	«
SUCRE candi et en pains	quintal	«
— Brut en fûts et sacs	«	«
— Havanne en caisses	«	℔ 50
— Brésil en dites	«	10 à 12%
TABACS	«	nette
THÉ (ou 20 ℔ par ¼ caisse.)	℔	«

On accorde sur tous les articles un bon poids de 1%.

Les bleds se vendent par malter, qui correspond à 114½ litres.

Les ventes se font habituellement au comptant, en { florins à 60 krentze[r] / rixdalers à 90 dito } au pied de fl. 24, dont fl. 55[illegible] fl. 46 de change.

Au poids léger (le quintal à 108 ℔) sont vendus les articles cotés par livre e[t au] poids lourd (le quint. à ℔ 100), ceux qui se vendent par quintal.

HAMBOURG.

	Par	Tare
ALUN danois et suédois	℔ 100	℔ 18
— anglais et de Rome	«	nette
ANIS de Magdebourg	«	«
— d'Alicante en sacs	«	℔ 4 à 6
ARSENIC en futs	«	« 18
BOIS de teinture	«	—
BEURRE d'Holstein en ¼ barils	℔ 224	« 32
— dito ½ «	«	« 16
— dito ¼ «	«	« 8
— d'Hollande	℔ 100	« 16
— de France et d'Irlande	«	22 %
CACAO carraque en surons	℔	℔ 12
— maragnon en sacs	«	« 2 à 3
— autres en futs	«	nette
CANELLE de Ceylon en fardeaux	«	℔ 12
— dito en simple emballage	«	« 8
— de Chine en caisses	«	nette
— dito en nattes	«	℔ ¼ p^r paquet
CAFÉ Moka en balles de ℔ 600	«	« 30
— dito dito « 320	«	« 14
— dito dito « 150	«	« 7
— Bourbon en double emballage	«	« 4
— dito en demi-balles	«	« 2 à 3
— autres en sacs de 80—130 ℔	«	« 2
— dito dito de 131—180 «	«	« 3
— au-dessus de . . . 180 et au dessus	«	« 4
— en futs	«	nette
CHANVRE	℔ 100	—
COLLE de poisson	℔	nette
COCHENILLE	«	«
COTONS du Brésil	«	4 %
— des États-Unis avec cordes	«	6 %
— dits sans cordes	«	4 %
— des Antilles en balles de toile	«	«
— Bourbon et Seychelles	«	6 %
— Surate et Bengale	«	8 %
— Caraque en surons	«	℔ 10
— Carthagène « de ℔ 150	«	« 6
— — de « 150—180	«	℔ 10 à 12
— — de « 180—300	«	« 14
— Levant en toile	«	4 %
— « en crin	«	6 %
CUIRS secs	«	1 %
DENTS d'eléphant	«	—
FANONS de baleine	℔ 100	—
FRUITS secs: Amandes de Provence	«	℔ 4
— dito de Barbarie	«	« 8
— Corinthes de Lipari	«	12 %
— dito de Trieste	«	18 %
— dito de Zante	«	14 à 16 %
— Figues de Candie, paniers	«	℔ 2
— dito de Smyrne, futs	«	10 %
— Prunes de Bordeaux	«	10 %
— Raisins de Malaga	«	10 %
— dito de Smyrne	«	12 %
GARANCE d'Hollande	«	écrite

HAMBOURG. — (Suite.)

	Par	Tare
GRAINE de Perse en balles	℔ 100	à régler
— de trèfle en simple emballage	«	℔ 3
GINGEMBRE en sacs	℔	2 à 3 ℔
GIROFLE en futs et en balles	℔ 100	nette
GOMME du Sénégal en futs et sacs	«	«
— de Barbarie en surons	«	8 à 10 %
HUILE de Gênes en futs de ℔ 504	«	18 %
— de Pouille } de « 1009	«	16 %
— de Trieste } au dessus	«	14 %
— de Portugal en futs de « 900	«	℔ 125
— de Malaga et Séville en pipes	«	« 120
— dito en demi-pipes	«	« 65
— de Provence sans plâtre	«	10 %
— dito avec plâtre	«	20 %
— de chanvre et lin	«	réduite
— de poisson d'Hambourg	6 stekans	—
INDIGO en caisses	℔	nette
— en surons	«	22 à 24 ℔
— en demi-surons	«	20 «
JUS de Reglisse (et 2 % pr feuilles)	℔ 100	écrite doub.
LITHARGE anglaise	«	15 ℔
— de Goslar	«	20 «
LAINE d'Espagne	℔	5 %
— du Portugal	«	10 %
— de Saxe	«	3 %
— de Danemark	«	2 %
— vigogne du Pérou	«	3 %
— id. de Buenos-Ayres	«	16 à 20 ℔
MACIS et muscades	«	nette
MÉLASSE	℔ 100	12 %
NOIX de Galle	«	6 ℔
PIMENT de Jamaïque en futs	℔	nette
— id. en sacs	«	2 à 3 ℔
— de Tabago id.	«	3 «
— id. en balles	«	8 «
POIVRE anglais en balles simples	«	3 «
— en balles doubles	«	6 «
— danois et hollandois	«	4 «
— Madras en petits sacs	«	2 «
— blanc en balles	«	2 «
POTASSE d'Amérique	℔ 100	10 %
— de Russie	«	10 %
— de Dantzig	«	8 à 10 %
QUERCITRON (ou la tare écrite, réduite à 105 par ℔ 112)	«	nette
RHUBARBE en caisses	℔	«
RIZ Caroline en futs (et 4 ℔ sur-tare)	℔ 100	«
— autres en sacs	«	2 à 5 ℔
ROCOU de Cayenne (et 2 % p. feuilles)	℔	18 %
SOIES de porc	«	nette
SAFRANUM de Turquie en futs	«	«
— dito en balles	«	4 %
— « en cafas	«	10 %
SAGOU en balles	«	3 ℔
— en paniers	«	4 à 6 «
SAVON de Marseille	℔ 100	10 %
— de Brunswic	«	écrite

HAMBOURG. — (Suite.)

	Par	Tare
UDE d'Alicante	℔ 100	4 %
— de Séville	«	6 %
CRE *a)* Brésil en caisse	℔	nette
— *b)* Havanne dit.	«	«
— *c)* de l'Inde blanc en sacs	«	10 %
id. bruns	«	12 %
— de manille «	«	12 %
— de Batavia en canast.	«	65 à 70 ℔
— *d)* brut des Antilles en bariques	«	18 %
« dito en tierces	«	20 %
« « en quarts	«	22 %
terré « en bariques	«	16 %
IF de Russie	℔ 100	10 %
MAC de Trieste en fûts	«	nette
— de Malaga et Sicile	«	1 %
BACS des États-Unis	℔	10 %
— du Brésil en surons	«	5 %
— dito en rouleaux	«	8 ℔
— de la Havanne en surons	«	14 «
- dito en balles	«	9 «
— de Varinas en Canastre	«	12 à 14 ℔
— de Portorico en emballage	«	à régler
— en cotes des États-Unis	«	110 à 120 ℔
IÉ Bohé en grande caisse	«	70 «
— demi-caisse	«	45 «
— quart-caisse	«	28 «
— autres en quart-caisse de ℔ 94 à 110	«	28 «
— id. « 80 à 85	«	24 «

NB. Pour régler les droits de Stade sur les thés, il faut indiquer clairement le ids dans le connoissement.

a) Ou tare en arrobes réduites de ℔ 34—36 les blancs, et ℔ 38—40 les bruns.

b) On donne souvent aussi ℔ 65 par caisse des blancs, et ℔ 70 des blonds, et vente publique « 70 id. « et « 75 «

c) En vente publique on accorde 12 % des blancs et blonds, et 15 % des bruns.

d) Si les bariques de toutes espèces de sucres pèsent au-dessous de ℔ 800 brut, accorde dans les ventes publiques ℔ 160 de tare sur les blancs, et ℔ 180 sur les uns.

NB. En sus du bon poids de ¾ à 1 %, on accorde encore ℔ 5 par caisse d'Havanne, 12 ℔ C^sse^ longue, ℔ 10 p. C^sse^ courte, et ℔ 5 p. demi-caisse du Brésil pour balai.

OBSERVATIONS GÉNÉRALES.

Bon poids. Toutes les marchandises vendues par livre, jouissent d'un bon poids de ½ p. %, celles vendues par ℔ 100, 1 p. %.

Prix. Toutes les marchandises se vendent en marcs et schellings de banque, pour que le montant de la vente excède cent marcs de banque ; toutefois en sont exptées, toutes sortes de grains, graines, fruits secs, beurres, fromages, boissons, jamons etc. qui se vendent en marcs courants.

Hambourg. — (Fin.)

Les *sucres bruts et terrés* se vendent en deniers flamands de banque (dont 32 fo un marc), avec un rabais de $108\frac{2}{3}$ pour 100. Les *sucres raffinés* se vendent égale ment en deniers flamands, avec un rabais de $104\frac{2}{3}$ pour 100.

Escompte. Toutes les marchandises se vendent au comptant, avec 1 % d'escompte excepté les tabacs qui jouissent de $1\frac{1}{2}$ %, les quercitrons et jus de reglisse, sur le quels on accorde 2 %.

On vend souvent les sucres bruts et terrés et autres marchandises par des cond tions particulières, à 2 ou 3 mois de terme, sans escompte; mais dans tous les ca l'acheteur jouit de 14 jours en sus pour prendre livraison.

Droits d'entrée. Toutes les marchandises importées par mer, payent $1\frac{1}{4}$ marcs co rants par 100 marcs de banque de valeur. Celles arrivant par terre ou de Lau bourg sur l'Elbe, ne payent qu'$\frac{1}{2}$ marc courant par 100 marcs de banque. Aucu marchandise ne peut être vendue à la bourse d'Hambourg, sans en avoir préalabl ment payé le droit d'entrée.

Droits de sortie. Les marchandises exportées par mer et celles expédiées par ter ou sur l'Elbe pour l'Intérieur de l'Allemagne payent $\frac{1}{4}$ marc courant par 100 mar de banque; toutefois sont exempts du droit de sortie les grains, livres, toiles d'All magne, laines filées, étains, cuivres, argent et or monnoyé, et toutes fabrications d la ville de Hambourg.

Les déclarations pour les droits d'entrée et de sortie sont faites aux cours du jo payés à la bourse.

On a la faculté de prendre en magasin les marchandises destinées en transit ou la réexportation; elles peuvent y rester trois mois; après leur expiration on pe obtenir une prolongation de trois autres mois, moyennant $\frac{1}{4}$ marc courant par 1 marcs de banque. Après ce terme il faut ou les réexporter, franc de droit, ou l acquitter avec une augmentation de 10 % en sus des droits d'entrée.

Le *courtage* est supporté par le vendeur et varie suivant la nature des marchand ses, mais le plus généralement il est de $\frac{5}{6}$ argent courant, par 100 marcs de banque.

Angleterre

LONDRES.

	Par	Bon poid	Tare
ALOES succotrin en futs au-dessous de 1 q.	quint.	℔ 1	réelle
— dito « de 1 à 3 ℔ dito.	,,	2	
— dito « de 3 et au-dessus	,,	4	
— Epatica	,,	1	6 p. quint.
ALUN de roche	,,	4	10 id.
— autres espèces	tonne	1 p. quint.	reelle
ANIS	quint.	℔ 1	,,
BOIS de teinture en bûches . . .	tonne	12 p. tonne	. . . .
— en futs . . .	,,	℔ 4	réelle
BEURRE	quint.	. . . .	marquée
CACAO en sacs	,,	1 à 2 ℔	réelle
— en futs	,,	4 à 5 «	et 4 p. q. pouss.
CAFÉ des Antilles et du Brésil en futs. .	,,	5 «	réelle
— — — en barils	,,	2 «	,,
— — — en sacs.	,,	1 à 2 «	2 à 3 ℔
— des Indes orientales . . .	,,		voy. notes
CAMPHRE	,,	1 «	réelle
CANELLE de Ceylan	℔	. . . .	voy. notes
— de Chine	quint.	. . . .	,,
CAPRES en futs au dessous de 5 q. .	—	2 «	2/5me
— « au dessus de 5 q. ,	—	4 «	1/3 «
CHANVRE	tonne	℔ 1 p. 5 q.	. . . . . .
COCHENILLE	℔	1 ℔	réelle
COLLE de poisson.	quint.	2 «	℔ 4 à 5 et tr.
COTON des Antilles	℔	. . . .	
— du Brésil	,,	1 «	« 4 p. quint.
— des États Unis	,,		
— des Indes orientales . . .	,,	—	voy. notes
— du Levant en toile . . .	,,	1 ℔	℔ 4 p. quint.
— dito en crin . . .	,,	,,	réelle
— filé en balles	,,	,,	℔ 7 p. quint.
CUIRS secs	,,	℔ 1 p. 10 cuirs	. . . .
CUIVRE du Pérou	quint.	« 2 p. quint.	. . . .
— de Turquie	tonne	« 2 p. tonne.	. . . .
CURCUMA en sacs	℔	℔ 1	3 ℔
CRÊME de tatre	quint.	« 4	réelle
FIL de chameau en balles . . .	℔	« 1	6 à 9 ℔
FRUITS secs : Amandes en surons. .	quint.	« 2 à 4	12 à 15 «
— id. en futs et sacs .	,,	« ,,	réelle
— Corinthes de Zante . .	,,	« 2	℔ 18 à 20 p. q.
— id. de Turquie .	,,	« 1	réelle
— Figues en futs et caisses.	,,	« 1	,,
— Raisins en futs et nattes .	,,	« 2	,,
GALLES en crin	,,	« 1	℔ 9
— en toile	,,	« 1	« 6
GARANCE d'Hollande	,,	« 4	℔ 10 p. quint.
— du Levant ou Alizari . .	,,	« 1	« 9

Londres. — (Suite.)

	Par	Bon poid	Tare
GINGEMBRE en sacs	quint.	℔ 1	4 p. quint.
— en futs	,,	« 2 à 4	réelle
GIROFLE	℔	. . . .	voy. notes
GOMME en futs	quint.	℔ 4	réelle
— en caisse.	,,	« 2	,,
GRAINE de Perse en balles . . .	℔	« 1 et s'il y a des cordes, 2 ℔	9 p. balle
— de trèfle dit. (en futs T. nette)	quint.	2 «	4 p. quint.
— de Genièvre dit. . . .	,,	1 «	réelle
— autres espéces se vendent ordinairement sans emballage ; si l'acheteur le prend, il le paye séparément.			
HUILE d'olive et de poisson. On la vend à la jauge et au poids. Dans le premier cas c'est par 236 gallons pour l'huile d'olive et 252 gallons pour celle de poisson, et dans le dernier cas on accorde 2 ℔ de b. p. par fut et tare nette.			
JALAP		℔	,,
IPECACUANHA	,,	,,	dito et trait
INDIGO en caisses	,,	,,	réelle
— en ½ surons au-dessous de 1½ quint.	quint.	,,	17 ℔
— en ½ — « de 1¾ «	,,	,,	21 «
— en « — — au-dessus.	—	,,	25 «
JUS de reglisse (et C° p. feuilles) . .	quint.	℔ 2	réelle
LAINE d'Espagne en balles de 2 quint.	℔	,,	20 ℔
— dito au-dessus.	,,	,,	22 «
MACIS et muscades	,,	. . . .	voy. notes
MÉLASSE en futs	quint.	℔ 2	réelle et 9 ℔ p.
OPIUM (sans feuilles)	℔	« 1	réelle
PIMENT en sacs	,,	« 1	4 p. quint.
— en futs	,,	« 3	réelle
POIVRE en balles.	,,	« 1	,,
— de la Comp.	,,	. . . .	voy. notes
POIX d'Amérique, de Russie et de Suède.	quint.	℔ 2	suiv. fustage
POTASSE	,,	« 2	14 p. quint.
QUERCITRON	,,	« 4	réelle
QUINQUINA	℔	2 a 3 ℔ p. q.	dito et trait
RHUBARBE des Indes	,,	. . . .	voy. notes
— de Russie.	,,	℔ 2	réelle
RIZ en futs	quint.	,,	,,
— « sacs des Indes	,,	. . . . .	voy. notes
ROCOU.	,,	℔ 4	20 p. quint.
SAFRAN	℔	« 1	réelle
SAFRANUM en balles au-dessous de 5 q.	quint.	,,	21 ℔
— id. au-dessus . « .	,,	,,	36 «
— en caffas avec jones . .	,,	,,	10 p. quint.
SALPÊTRE en sacs simples	,,	(ou 4 ℔ p. sac)	voy. notes
— en id. doubles et triples .	,,	(en proport.)	,,
SALSEPAREILLE	℔	℔ 2	réelle et trait
SAVON	quint.	2 à 4 ℔	réelle
SOUDE en balles	,,	4 «	,,
— en grenier.	,,	℔ 12 p. tonne	10 p. quint.
SOUFRE	tonne	id.	réelle

Londres. — (Suite.)

	Par	*Bon poid*	*Tare*
SUCRE brut, en futs de 17—18 q.	quint.	℔ 2	℔ 196
— 15—17 „	„	„	168
— 14—15 „	„	„	161
— 13—14 „	„	„	154
— 12—13 „	„	„	147
— 11—12 „	„	„	140
— 10—11 „	„	„	133
— 9—10 „	„	„	126
— 8— 9 „	„	„	119
— au-dessous de 8— „	„	℔ 1	14 p. quint.
— du Brésil en caisses	„	« 2	13 à 14 ℔ p. q
— de la Havanne id.	„	« 1	réelle ou moy.
— des Indes orientales en sacs	„	. . . .	voy notes
— raffiné	„	℔ 4 p. tonne	réelle
SUIF de Russie	„	℔ 2	℔ 12 p. quint.
SUMAC en sacs	„	« 1	« 1 p. id.
TABAC de Virginie	℔	38et4℔p 104	réelle
— de Maryland	„	24 « et id. —	„
THÉ	„	. . . .	voy. notes
THERBENTINE au dessous de ℔ 315	quint.	℔ 2	63 ℔
— au-dessus	«	« 3	$\frac{1^{me}}{5}$
VERDET	℔	1 p. quint.	2 p. sac

OBSERVATIONS GÉNÉRALES.

Les usages de cette place sont, comme sur beaucoup d'autres, très-variables, et dé-pendent presque toujours des conventions entre les acheteurs et vendeurs. Les nom-breux renseignemens que j'ai obtenus de personnes bien instruites, me démontrent que presque chaque maison suit à leur égard des principes différens envers ses cor-espondans. Il arrive p. ex. souvent, que sur les produits des plantations britanni-ques aux Antilles, le commissionnaire, au lieu de déduire dans ses factures l'escompte l'usage de 1% le fait entrer en compensation du courtage de ½ %, des frais d'embar-quement et autres menus frais, en stipulant le prix mis à bord. Cette compensation n'est pas préjudiciable au commettant lorsque les prix sont bas et que cet escompte est en proportion des frais d'embarquement (dont on trouvera plus loin une note où ils sont indiqués approximativement); mais il n'en est pas de même lorsque les prix sont élevés, car dans ce cas l'escompte présenterait au commissionnaire un bénéfice.

Les *marchandises vendues par la Compagnie des Indes* n'ont pas de tare et bon poids fixe; elle n'en détermine la quotité qu'à chaque vente publique. Elle n'accor-de jamais d'escompte, mais l'acheteur jouit d'un terme de trois mois du jour de la vente, en déposant dans les trois jours après environ 20% du montant de la facture. Il a en outre la faculté de laisser la marchandise, pendant ces trois mois, aux ma-gasins de la Compagnie, sans en payer le magazinage; mais aussitôt qu'il en dispose pour l'embarquer, il est obligé d'en acquitter le montant entier. Il en est de mê-me des marchandises des grandes Indes, qui ne passent pas par les mains de la Compagnie, à moins que le contrat de vente ne fasse une exception.

Les *productions des plantations anglaises aux Antilles* se vendent ordinairement en vente publique, excepté les sucres, avec 1½ d'escompte et un mois de terme; mais malgré ce terme, l'acheteur ne peut pas disposer de la marchandise pour l'em-barquer, sans en avoir préalablement payé le montant. Cependant on n'y tient pas strictement, surtout s'il jouit d'un bon crédit.

Les sucres des Isles anglaises et les sucres raffinés se vendent à bord à deux mois, sans escompte

LONDRES. — (Fin.)

Les productions des possessions et colonies étrangères dans les deux Amériques se vendent à six mois de terme, ou avec 2½ % d'escompte, et 14 jours à un mois de terme, excepté les cotons, qui ne jouissent que de 1½ % d'escompte avec un mois de terme, le riz Caroline 1% d'escompte et 14 jours, les tabacs 2% d'escompte et deux mois de terme.

L'acheteur jouit de 14 jours pour prendre livraison, et à moins qu'on ne convienne autrement, il ne paye le courtage de ½ % qu'en achetant en vente publique, où il lui en coûte encore 1% en sus pour garantie etc. etc. etc.

Toutes les marchandises qu'on met aux *W. J. Doks*, ne payent pas de magazinage pendant 84 jours, qui comptent du jour du débarquement; ainsi quoique le vendeur accorde à l'acheteur sur le café seulement deux mois de magazinage, ce dernier peut souvent jouir de deux et demi à trois mois de magazinage, même en vendant de suite à l'arrivée du bâtiment.

Dans le tarif des tares, on trouvera sur plusieurs articles un trait (tret), c'est une déduction de 4 ℔ de 104 ℔ à faire sur le poids net.

Frais approximatifs à l'embarquement, non compris l'Assurance, le Courtage et la Commission, sur les marchandises suivantes :

Bois de teinture. . . . . envir.	15 *Shell.*	Par tonne
Cacao des Antilles	1¼ «	« quintal
Café des dits	1 «	« »
— du Brésil.	2 «	« »
— des Indes orientales . . .	2¼ «	« »
Canelle fine	13-14 «	« »
Cotons des grandes Indes . . .	1½ «	« »
— des Antilles et États-Unis .	2 «	« »
— du Brésil	2 à 3 «	« »
Cuirs secs.	4—6 Den.	cuir
Gingembre	1½ Shell.	quintal
Huile de poisson	6½ «	100 gall.
Indigo	16—20 «	caisse
Piment	1¼ «	quintal
Poivre	9 «	balle
Quercitrons	3 «	quintal
Riz en futs et en sacs.	2¼ «	»
Rhum	10½ «	100 gall.
Sucre en caisses	1—1¼ «	quintal
— en sacs.	1—1½ «	»
— en futs	rend. à bord.	—
Tabacs des États-Unis	1—1½ Sh.	quintal

(On bonifie sur les tabacs 3 Shell. 7 den. par Boucaud à l'embarquement.)

Les frais sur les épiceries fines et drogueries ne peuvent pas être évalués exactement.

MONNOIES, POIDS ET MESURES.

Les prix sont cotés en Livres, Shellings et Deniers Sterling.

Le quintal se divise en 4 quarts à 28 ℔; 20 quint. font ℔ 2240 ou une tonne.

Les liquides se vendent par gallon, dont 100 font environ 380 litres.

Les grains se mesurent par quarter, qui se divise en 8 bushels; 100 quarters font 284 hectolitres.

LIVERPOOL.

	Par	Tare
ALIZARI en balles	quint.	8 ℔ p. balle
BOIS de teinture en bûches	tonneau	14 p. tonneau
CACAO en sacs	quint.	2 à 3 ℔ p. sac
— en futs	,,	nette
CAFÉ en sacs (et 4 ℔ pr 5 sacs bon poids)	,,	2 à 3 ℔ p. sac
— en futs et 2 à 4 p. fut (dito)	,,	nette
COCHENILLE	℔	,,
CUIRS secs	,,	2 ℔ p. 5 cuirs
COTONS (avec 1 ℔ pr balle b. p. et 1 ℔ don) sur ceux des E. U.; les cordes sont contrepesées)	,,	4 « p. quint.
— dits des Indes orientales, avec 12 cordes	,,	9 ℔ p. balle
— dits idem avec 16 ,, (avec 2 ℔ b. p. et don.)	,,	12 « idem
DENTS d'éléphant	quint.	1 à 3 ℔ p. ton.
GINGEMBRE en sacs	,,	2 à 3 « p. sac
GIROFLE	℔	nette
GOMME Sénégal en futs	quint.	15 ℔ p. quint.
— autres	,,	nette
GARANCE d'Hollande	,,	10 ℔ p. quint.
— en racine	,,	8 « p. balle
GRAINE de Perse en balles de crin	,,	5 « id.
— de trèfle	,,	nette
GRAINS: Avoine	45 ℔	—
— Orge	60 «	—
— Froment	70 «	—
— Pois et Seigle	quarter	—
HUILE de baleine	252 gall.	—
— de palmier	tonne	—
INDICO en caisses (avec 1—2 ℔ bon poids)	℔	—
— en surons au-dessous de ℔ 56 ℔ 11	,,	11 à 26 ℔
— de 56 à 83 ,, 14		
— de 84 à 139 ,, 18		
— de 140 à 167 ,, 22		
— de 168 à 251 ,, 26		
MÉLASSE	quint.	12 ℔ p. quint.
METAUX (fer, plomb, étain, acier)	2240 ℔	franc à bord
cuivre en feuilles	℔	idem
PIMENT en futs	,,	nette
— en sacs (et 4 ℔ pr 5 sacs b. p.)	,,	2 à 3 ℔
POIVRE en balles id. id.	,,	,,
POTASSE d'Amérique	quint.	14 ℔ p. quint.
QUERCITRON	,,	12 « id.
RIZ Caroline (et 7 ℔ pr tierçon)	,,	nette
— en sacs	,,	2 à 3 ℔
ROCOU en futs	℔	20 ℔ p. quint.
SAFRANUM des Indes	quint.	nette
SUCRE Brésil en caisses	,,	12 à 14 ℔ p. q.
— Havanne en id.	,,	56 à 60 ℔
— des Indes en sacs	,,	8 à 10 «
— de Surinam, Demerary, Martinique etc.	,,	12 ℔ p. quint.
— de Jamaique, Barbade, Antigua et St. Vincent, comme suit: au-dessous de 8 quint.	,,	14 ℔ id.
id. de 8 à 12 ,,	,,	℔ 112 p. Larique
id. de 12 à 15 ,,	,,	« 152 id.
id. de 15 à 17 ,,	,,	« 168 id.
id. de 17 et au-dessus.	,,	« 196 id.

Liverpool (Fin.)

	Par	Tare
SUIF de Russie en futs	quint.	12 ℔ p. quint
— de Buenos-Ayres en surons . . .	,,	℔ 22 à 27 p. sur
SUMAC en balles	,,	3 ℔ p. balle
TABAC des États-Unis	℔	nette
VERT de gris	,,	℔ 2

Tous les articles se vendent à quatre mois, à l'exception des cafés sur lesquels o n'alloue que trois mois. Le payement se fait en papier sur Londres à trois mois d date au pair. Sur presque toutes les marchandises on accorde un bon poid de ℔ 1 sur des colis au-dessous de 1 quintal.

,, 2	de 1—2	—
,, 3	de 2—3	—
,, 4	de 3—9	—
,, 7	de 10-17	—
,, 9	de 18 et au-dessus.	

SUR L'IMPORTATION DES GRAINS EN ANGLETERRE.

Toute espèce de blé ou farine du produit des pays étrangers, qui peut être impo tée selon les lois dans la Grande-Bretagne, peut, à toutes les époques, entrer sa payer les droits; et ces mêmes blés, seigles et farines, ayant été emmagazinés, pe vent être exportés, selon les lois, sans payer les droits. Tous ces blés, seigles et f rines, peuvent également être retirés des magasins et employés pour la consomm tion particulière de la Grande-Bretagne, sous les conditions requises par la loi, sa payer aucun droit; toutefois que les prix des différentes espèces de blés britanniqu auront été publiés selon les lois et qu'ils seront au taux, ou *au-dessus* des prix c dessous mentionnés, c'est-à-dire, toutefois que le froment sera au-dessus du prix d 80 Shellings par Quarter; toutefois que le riz, les pois et les fèves seront au-dess de 53 Shellings par Quarter; toutefois que l'orge ou le grain seront au-dessus de 4 Shellings par Quarter, et toutefois que les avoines seront au-dessus de 27 Sh. pr Q

Toutefois que les prix avérés du blé britannique, ainsi publiés, seront *au-dessu* du prix ci-dessus établi, aucune espèce de blé ou de farine étrangère ne sera in portée dans la Grande-Bretagne pour la consommation du pays, ni sortie des mag sins à cet effet.

Les prix avérés des différentes espèces de blé britannique, par lesquels l'import tion des blés étrangers sera régie et gouvernée, continueront à être publiés selon l manière requise par la loi; mais si, après l'importation de ces blés, seigles et far nes, importation approuvée par la loi, on s'aperçoit que les prix avérés des blés br tanniques, dans les six semaines qui suivent immédiatement le 1 Février, le 15 Ma le 15 Août et le 15 Novembre de chaque année, sont tombés au-dessous des pri auxquels sont vendus les blés étrangers, autorisés par la loi à être employés à l consommation du pays, il ne sera plus permis d'importer des blés, seigles et farine pour la consommation du pays, d'aucun endroit entre les rivières de l'Eyder et B dasson inclusivement, jusqu'à ce que les prix aient été de nouveau avérés, et qu' ait été réglé dans la gazette de Londres, à quel taux peut s'élever l'importation d Quarter.

Note. Tout blé étranger, débarqué d'un bâtiment dans le port de Londres, e sujet à payer 2 Shellings par last de 10 Quarters, qui doivent être payés à l'inspe teur des blés.

Espagne

BARCELONE.

Tare. Toutes les marchandises en futailles sont tarées au net, mais on accorde souvent, pour ne pas les dénaturer, une tare de 10% sur le beurre, cacao, café et autres denrées;
de 9% sur la couperose;
de 18% sur l'huile de vitriol anglais, en damejeanne;
de 25% sur ladite française en damej.
de 20% sur l'huile en pipes.

Les marchandises en sacs sont également tarées au net, mais on accorde souvent, sur ceux d'une moyenne grandeur, 3 ℔ p^r sac.

La tare des *sucres Havanne* en caisses est de 13%.

Rabais. Le cacao, café, canelle, cochenille, cire jaune, girofles, indigo, poivre et piment, jouissent d'un rabais de 2% pour poussière.

MODE DE VENTE DE DIVERS ARTICLES.

Les denrées coloniales se vendent par quintal } pris du magasin.
Les cochenille, indigo, canelle et girofles, par livre }

Les grains (froment, seigle, orge, fèves, haricots et pois) par Quarters.

La farine d'Amérique par baril, et celle de France par quintal.

Les riz, morue, stock-fisch, fromage, beurre et lard id.

Les eaux-de-vie et vins par pipes de 4 cargas; elle doit contenir 60 veltes, mais ne jauge rarement au-delà de 58.

Les huiles d'olive se vendent en pipes régulières de 104 cortans, dont 16 font 1 millerol de Marseille, 17 gallons anglais ou 64½ litres; un cortan pèse ℔ 9½ catalanes.

MONNOIES, MESURES ET POIDS.

Les prix sont en piastres de 20 réaux; le réal a 34 maravedis effectifs.

Le piastre vaut 37½ sols catal., et la pistole 112 sols catal.

152 Quarters (mesure de grain) font 100 hectolitres.
46½—47 id. font 1 last de Hambourg, et 42 Quarters 1 last d'Amsterdam.

Le quintal a 4 arrobes ou ℔ 104, et equivaut à 42 kilogrammes.

CADIX.

Tare. Toutes les marchandises sont vendues *tare nette*; souvent on s'en rapporte aussi à celle indiquée dans la facture, présentée par le vendeur.

ARTICLES D'EXPORTATION.

Bois de teinture, café, coton, cuivre, jalap et suif de Buenos-Ayres, se vendent par quintal.

La cochenille, granille, laine de vigogne, salsepareille et sucre de Havanne, par arrobe de 25 livres.

Les baumes, indigos, ipécacuanha, piment de Tabago, quinquina et safran, p[r] livre.

Le cacao par ℔ 110, et les cuirs secs par ℔ 35.

L'eau-de-vie et les vins par pipes.

Les raisins de Malaga etc. en caisses et en barils.

ARTICLES D'IMPORTATION.

L'acier, le chanvre, les cordages, fers de Suède, fromages, morue, riz, suif de Russie et tabacs des États-Unis, par quintal.

Les beurre, les épiceries, cuivre en planches, par livre.

Bœuf salé, farine, goudron et poix — par baril.

Les froments et orges — par fanégas.

Les fèves — par 1½ dito.

MONNOIES, MESURES ET POIDS.

Le réal de Vellon a 8½ quartos, et le réal de Plata a 14 quartos.

La piastre forte a 10⅝ réaux de Plata, ou 20 réaux de Vellon.

Le cahiz (mesure des grains) a 12 fanégas, 144 célémines ou almudes, et 574 quartilos; 21 fanégas font 1 hectolitre.

Le last de sel a 4 cahizes; 100 last de Cadix font 6410 bushels à Liverpool, 77 last à Dantzig et 69 last à Riga.

Les eaux-de-vie et vins en pipes jaugent 27 cantaros, et en bottes 30 cantaros ou grandes arrobes, dont 635 font 100 hectolitres.

Les huiles en pipes contiennent 34 petites arrobes ou ℔ 850.

Le quintal ordinaire est de 4 arrobes ou ℔ 100, qui font 45,77 kilogrammes ou ℔ 93¾ poids de marc.

DOUANES D'ESPAGNE.

Afin de faciliter la libre circulation dans le royaume et dans l'étranger, de toutes les productions du sol espagnol le gouvernement a rendu le décret suivant:

1) Les vins, eaux-de-vie, vinaigres et liqueurs de toute espèce, provenant du sol espagnol, peuvent être exportés, libres de tous droits, à l'étranger, par quelque point du royaume que ce soit.
2) La même franchise est accordée à toutes sortes de fruits, soit verts, secs ou préparés.
3) La sparterie et le chanvre, soit en rames, soit manufacturé, ainsi que la soude, jouiront de la même exemption de droits à leur sortie.
4) La libre exportation des farines, grains et semences, est également autorisée, avec franchise de tous droits.
5) L'introduction des grains, farines et légumes, venant de l'étranger, est prohibée dans la Péninsule, à l'exception des isles Baléares et des Canaries, d'où l'on ne pourra les introduire dans les ports d'Espagne.
6) Le commerce des susdites denrées sera libre dans l'intérieur.
7) Le transport par eau d'un port à un autre sera permis, mais comme tout le cabotage, seulement par bâtimens espagnols.
8) Les farines importées dans les isles Baléares, payeront un droit de 34 réaux.

Etats-Unis

NEWYORK.

	Par	Tare	Observations
BOIS de teinture	2240 lb	—	
CACAO en futs	quint.	10 %	
— en sacs	„	1 %	
CAFÉ en futs	lb	12 %	
— en balles	„	3 %	
— en sacs	„	2 %	
CANELLE de Chine en demi-caisses	„	1[illegible] lb	
— en nattes	„	5 %	
COTONS Louisiane	„	2 %	a)
— Géorgie et Caroline	„	rien	a)
— en surons	„	6 %	a)
EAU DE VIE	gallon	. . . . .	
INDIGO en caisses	lb	nette	
— en surons	„	10 %	
PIMENT en futs	„	15 %	
— en sacs	„	3 %	
POIVRE en futs	„	12 %	
— en balles	„	5 %	
— en sacs	„	2 %	
POTASSE et perlasse en futs	2240 lb	nette	env. 50—52 lb
QUERCITRON en bouc	„	„	« 65 lb
RIZ Caroline en tierçons	quint.	10 %	b)
SUCRES Havanne en caisses	„	15 %	et 4 lb b. p.
— des Antilles en futs.	„	12 %	et 5—7 lb dit.
— des Indes en sacs	„	5 %	
— Batavia en canast.	„	50 lb	
TABAC de Virginie c)	lb	nette	et 25 lb don.
— de Maryland d)	„	„	et 20 « dit.
— de Kentucki	„	10 %	
THÉ Bohé en 1/1 caisse	„	70 lb	
— dit. en 1/2 „	„	36	
— dit en 1/4 „	„	20	
— vert en caisses de lb 70 et au-dessus	„	20	
— noir „ de 50 à 49 lb	„	18	
— dit. „ d° 80 «	„	20	
— dit. „ au-dessus de lb 80	„	22	

La tare de toutes espèces de thés en caisses de moindre capacité est réelle ou d'après la facture chinoise.

NB. Dans le commerce on ajoute lb 1 par caisse au poids net des thés, déduction faite des tares indiquées ci-dessus, qui sont celles allouées par la douane.

Suite. —

Newyork (Fin.).

a) A Charleston et à la Nouvelle-Orléans on n'accorde pas de tare sur les cotons.
A Savannah on alloue ℔ 2 par balle.

b) A Charleston on accorde sur le riz environ 70 ℔ par tièrce.
A Savannah « dito 10 %.

c) A Richmond }
d) A Baltimore } « sur le tabac tare nette, sans don.

MONNOIES, POIDS ET MESURES.

On compte en dollars à 100 cents.

Les écus de 6 livres de France ont cours pour 110 cents.

Les pièces de 5 francs idem 93 $\frac{7}{10}$.

Les poids et mesures sont comme en Angleterre.

Les produits des É. U. s'exportent francs de droit.

Drawback. La douane restitue, sous la retenue de 2½ %, les droits d'entrée sur les marchandises importées et réexportées dans les douze mois de leur importation et dont les droits montent au moins à 50 dollars. Sur les spiritueux, la retenue est de 2 cents par gallon et 3 % sur le montant des droits.

Pour jouir de ce drawback, il faut dès l'entrée se réserver la faculté de la réexportation, qui dans ce cas ne peut se faire pour des pays immédiatement limitrophes aux États-Unis.

Nota. Les renseignemens ci-hauts sont aussi applicables aux autres places des États-Unis à peu d'exceptions près.

Les frais d'embarquement sont très-peu de chose.

Le Courtage à Newyork est de ¼ %, à la Nouvelle-Orléans de ½ %, et aucun à Charleston et Savannah.

La commission d'achat est de 5 %.

Les rembours sur l'Angleterre, la Hollande et la France se font à 60 jours de vue.

Egypte

ALEXANDRIE.

ARTICLES D'EXPORTATION.	*En*	*Par*
CAFÉ Moka	tallari	37 oques
COMESTIBLES, comme bleds, fèves, maïs, lentilles, orge etc.	piastres	ardeb de Ros.
COTON en laine	«	$43\frac{1}{3}$ oques
CUIRS de bufle, bœuf et vache	«	peau
ENCENS en larmes et en sortes	«	$43\frac{1}{3}$ oques
GOMMES arabique, Gedda, Copal et Myrthe .	«	«
LAINE en suin	«	78 oques
LINS rose, fajum, boulac	«	44 «
NATRON	parats	oque
PLUMES d'autruche	piastres	rot.d. 148 drag.
POIVRE	«	37 oques
RIZ de Rosette	«	ard. de 156 oq.
SAFRANUM	«	$39\frac{1}{2}$ oques
SUCRE blanc et moscovade	«	$37\frac{1}{2}$ «

ARTICLES D'IMPORTATION.	piastres	*Par*
ACIER en barres grosses et minces	«	44 oques
ARCHIFOUX	«	$5\frac{1}{4}$ «
ARSENIC	«	$5\frac{1}{4}$ «
BONNETS d'Orléans, Marseille, Gênes et Livourne N° $4\frac{1}{2}$	«	douzaine
CALICOTS anglais de 12, 18, 36 yards . . .	«	pièce
CAMBRICKS à bâton, colorés et unis, de 24 yards,	«	«
et martellati	«	«
CLOUX de Girofle	«	oque
COCHENILLE noire et argentée	«	«
DRAPS Mahoux, anglais, d'Allemagne, de France,	«	pic
L. S. fab. sup. et inf.	«	«
ETAIN en verges d'Angleterre	«	$36\frac{1}{2}$ oques
FERBLANC id.	«	2 caisses
FER en barres de Suède, Russie et d'Angleterre .	«	82 oques
IMITATIONS schales fond blanc de 10 yards .	«	pièce
— id. « $3\frac{1}{4}$ « . . .	«	«
— id. fond obscur	«	«
INDIENNE d'Angleterre de 28 yards	«	«
— de Suisse de 22 aunes	«	«
MOUSSELINES unies de 20 yards $\frac{2}{4}$	«	«
— « « $\frac{2}{4}$	«	«
— Lapis rayés de rouge	«	«
— Martellate	«	«
PLANCHES de Trieste, N° 1 à 8	«	l'une
— de Venise « 1 à 5	«	«
PLOMB en saumon d'Angleterre	«	78 oques
PAPIER de France, Gênes, Venise, et à trois lunes de Livourne	«	rame
SCHALLONS anglais	«	pièce
SPICA Celtica	«	$59\frac{1}{2}$ oques
VELOURS de Gênes à trois poils	«	pic

ALEXANDRIE — (Suite.)

OBSERVATIONS GÉNÉRALES.

L'exportation des produits de l'Égypte et de l'intérieur de l'Afrique forme partie la plus essentielle du Commerce de cette place.

L'article le plus intéressant et qui attire le plus l'attention des spéculateurs des fabricans, est le *Coton*. Il y a trois ans qu'on ne cultivoit en Égypte que coton, courte soie, inférieur au Bengale; mais depuis cette époque, le Pascha commencé à faire cultiver une qualité supérieure, nommée *Mahò* ou *Jumel*, d'u finesse et d'une longueur de soie étonnante, et qui obtient maintenant pour plusie fabrications la préférence sur les meilleurs cotons d'Amérique. Le seul défaut qu' y ait remarqué, c'est que la laine est un peu chargée ; mais le gouvernement f tous ses efforts pour faire disparoître ce défaut.

Le *coton commun* est une qualité déjà assez généralement connue, elle se ra proche du Cassaba de Smyrne.

La recolte des cotons s'opère vers le mois de Septembre et d'Octobre, et paroîssent au marché en Novembre et Décembre.

Le Pascha en fixe le prix, *argent comptant*, pris au Caire.

Les frais de transport jusqu'Aléxandrie s'élèvent environ à 12 piastres la ba et ceux de place et d'embarquement à 4 %.

Pour faciliter les calculs sur cet article, je joins ici un compte d'achat simul reçu d'une très-bonne source, à une partie *coton Mahò*, longue soie, prise sur place d'Aléxandrie :

54 balles pesant rotoli 12300 soit à 123 rotoli le quintal de $43\frac{3}{4}$ oques			
font 100 quintaux à 232 piastres.		P. 23200.	—
(l'emballage qui est d'une toile légère, se paye pour coton) à 14 piastres par piastre d'Espagne.		P. 1657.	14.
Frais. Droit au Consulat 1 % piastres fortes	16. 57.		
Droit à l'hôp. europ. 1 %₀	« 1. 65.		
Courtage 1 %	« 16. 57.		
Cadeau au Peseur public	« — 85.	37.	99.
Id. au Gardien du magas. publ.	« — 7[illegible]		
Port au quai	« 1. 35.		
Raccomodage et ficelle	« — 25.		
	P. fortes d'Esp.	1695.	13.
Commission 2 %	«	33.	90.
	P.	1729.	3.
à fr. $5\frac{1}{3}$ p^r piastre.	F.	9221.	33.

1 quintal = $43\frac{3}{4}$ oques, 100 oques = $123\frac{2}{4}$ kilog., } donc 100 quintaux correspondent à kilogr. 5398, et kilogr. reviendroient franc à bord à Aléxandrie à f. 85. 4

Comme la voie de change n'est pas encore établie, et qu'il est difficile de nég cier du papier, même pour des sommes modiques, il faut remettre du numérai (de préférence des piastres d'Espagne) pour le montant approximatif des achats.

Les frais de vente sont entre 12 à 15 %, le fret compris; ceux d'achat sont de à 8 % jusqu'à bord.

La tare de presque tous les articles est prise au net, et si l'emballage est d'u toile legère, il se paye pour marchandise.

Alexandrie — (Fin.)

Le fret pour les *comestibles* se règle par ardeb et se monte à plus ou moins pour

Malte à	1 piastre forte		avec 5 % chapeau et $\frac{2}{3}$ frais de port.
Marseille	$1\frac{1}{4}$	«	
Livourne, Gênes	$1\frac{1}{8}$ à $1\frac{1}{4}$	«	
Trieste et Venise .	1 à $1\frac{1}{4}$	«	
Barcelone	$1\frac{1}{4}$ à $1\frac{3}{4}$	«	
Hollande	65 à 70	florins par last	
Hambourg. . . .	70 à 75	« id.	

Le fret sur les *cotons* est plus ou moins pour

Marseille	de 7 à $7\frac{1}{2}$	francs	par quintal de Marseille.
Livourne et Gênes	$1\frac{1}{7}$	piastr. fort.	
Trieste	3 à $4\frac{1}{4}$	florins	« 100 ℔
Angleterre	12	liv. sterl.	« tonne de 20 quintaux,

non compris 5 % chapeau et $\frac{2}{3}$ frais de port.

POIDS ET MESURES.

L'oque est composée	de 400 dragmes	=	$1\frac{7}{20}$	kil. de France.
Le rotoli ou livre	de 144 «	=	[illegible]	id.
L'ardeb de Rosette de comestibles	de 168 oques	=	207[illegible]	id.
Id. de riz	de 156 «	=	192[illegible]	id.

100 pics font $57\frac{1}{7}$ aunes de France et 75 yards anglais.

MONNOIES.

Le funducli est composé de 146 parats.
La pataque « de 90 „
Le mahboub « de 120 „
La pièce « de 60 „
La piastre « de 40 „

COURS DE MONNOIES ENTRE NÉGOCIANS. *Plus ou moins.*

Étrangères.	Doublons d'Espagne	Piastres	224.
	Tallari colonnaire et de la Reine	„	14.
	Sequins vénitiens	„	32—$32\frac{1}{2}$.
	Ducats d'Hollande	„	31—$31\frac{1}{2}$.
Turques.	Mahmoudiés	„	45.
	Roubiés	„	$5\frac{1}{4}$.
	Beschlicks	„	$9\frac{3}{4}$.
	Parats, agio . . . p^r cent.	„	50.

France

BORDEAUX.

	Par	Tare
BOIS de teinture et d'ébène	50 kilogr.	1 %
CACAO et Cafés en futs	½ kil.	nette
— en sacs de 30½ à 60 Kil. . .	«	1 kilog.
— id. de 60½ à 75 « . .	«	1½ «
— id. de 75½ a 100 « . .	«	2 «
CAFÉ Bourbon en balles	«	2 «
— dito en ½ «	«	1 «
— Moka en balles de 50 à 75 Kil. . .	«	6 «
— dito dito de 100 à 125 « . .	«	9½ «
— dito dito de 150 à 175 « . .	«	11½ «
CANELLE de Ceylon en simple emball. . .	«	3 «
— dito en double «	«	6 «
— de Chine en caisse	«	nette
— dito en paquets de 2 à 3 . .	«	2½ hectogr.
— dito dito 4—6 . .	«	3¾ «
— dito dito 7—10 . .	«	½ kilog.
CIRE jaune	«	nette
CLOUX de Girofle en futs	«	«
— dito en balles de 30½ à 50 Kil. .	«	2½ kilog.
— dito en simple emball.	«	1 «
COCHENILLE en surons	«	nette
CUIRS secs (voyez notes)	50 kil.	
CURCUMA en futs	½ kil.	nette
en simple emball.	«	1 kilog.
— en double dito	«	2 «
COTONS de toutes espèce en balles rondes . .	50 kil.	
— sans cordes de 75½ Kil. et au-dessus .	«	4 %
— en ballots de 30 à 75 id.	«	6 %
— en balles quarrées av. ou sans cord. de 90½ Kil. et au-dessus	«	6 %
— en ½ balles dito dito . .	«	8 %
— du Brésil, en balles rondes ou quarrées .	«	
— sans cordes de 85½ à 112½ Kil. . .	«	4 %
— dito en ballots de 30 à 75 Kil. .	«	6 %
— de Surate, Bengale et Madras . . .	«	8 %
— de Bourbon, Manille en corde simple .	«	6 %
— id. en ¼ et ¾ balles de 50-100 Kil.	«	10 %
— en surons de toile sans courroies de 45 à 60 K.	«	6 %
— id. avec « . . . id.	«	10 %
— de Caraque et Cumana en surons de cuir	«	12 %
DENTS d'Éléphant	½ kil.	1 %
GOMME	«	nette
INDIGOS en futailles et caisses	«	«
— en surons de 45 à 55 Kil. . . .	«	7 kilog.
— dito 55½—65 «	«	8 «
— dito 65½—75 «	«	9 «
— dito 75½—95 «	«	10 «
— dito 95½—107 «	«	11 «

Bordeaux — (Suite.)

	Par	Tare
	½ kilogr.	nette
MACIS et Muscades	«	«
POIVRE et Piment en futailles . . .	«	4 kilog.
Les sacs doubl. sont ôtés — en doubl. emball. de 125-150 K.	«	2 «
— en simpl. dito « - « «	«	1 «
— en sacs . . . . . 25-55 «	«	1½ «
— — . . . . . 55½-70 «	«	2 «
— — . . . . . 70½-100 «	«	[illegible]
POTASSE et Perlasse	50 kilogr.	12 %
QUERCITRON en Boucauds de 205 Kil. . .	«	12 %
— dito 200 à 150½ Kil. .	«	[illegible]
— dito 150 à 120 « .	«	[illegible]
QUINQUINA en caisses	½ kilogr.	[illegible]
— en sucrons de 45 à 57½ Kil. . .	«	[illegible]
— dito 70—75 « . .	«	10 «
RIZ de toute espèce en futs et sacs . . .	50 kilogr.	[illegible]
ROCOU en bariques	½ kilogr.	[illegible]
— en quarts	«	20 % et [illegible]
SALSEPAREILLE en balles	«	5 kilog.

	Par	Trait	Tare
SUCRES bruts en B[ques] de 350½ Kil. et plus	50 kilog.	1½ kilog.	17 %
— en Tierc[s] de 175 à 350 Kil.	«	« «	20 %
— en quarts 50 à 174½ «	«	1 «	20 %
— en canast[s] 75 à 175 «	«	—	15 %
— id. 175½ et au dessus	«	—	12 %
— en sacs de toute origine .	«	—	10 %
SUCRES terrés en B[ques] de 350½ Kil. et au dessus	«		
— blancs Mart[que] et Guad[pe] 3 et 4e sorte	«	1 kil.	12 %
— petits sucres et communs .	«	1 «	13 %
— têtes	«	1 «	14 %
— en Tiercons de 140½-350 Kil.	«	1 «	16 %
— en quarts 25-140 «	«	½ «	16 %
SUCRE Brésil en caisse de 450½ Kil. et plus	«	1½ «	17 %
— en ½ dito de 250½ à 450 Kil.	«	1 «	18 %
— en ¼ et ⅛ de 50 à 250 «	«	1 «	20 %
— Havanne en caisses . . . «	«	1 «	14 %
— en ½ de 50 à 125 «	«	1 «	15 %
— Veracruz en suron de 70 à 100 «	«	—	12 %
TABACS	«	1½ «	12 %
THÉS Bohé et Congo en caisse . .	½ kilog.	—	36 kil.
— en ½ caisse . .	«	—	18 «
— en ¼ caisse . .	«	—	12 «
— Campoy, Soatshaon et Zoulo en ¼ C[sse]	«	—	12 «
— Hyson de toute espèce, perlé } id.	«		
— Impérial et poudre à canon }	«	—	10 «
— Pecko . . . . . id.	«	—	11 «
— dito . . . . . . en ⅛ C[sse]	«	—	9½
— Cong. Camp. Soatsh. Zonlo en ⅛ «	«	—	6 «
— Hyson de toute espèce . en ⅛ «	«	—	5 «
— dito en $\frac{1}{16}$ «	«	—	2½ «
VANILLE	«	—	nette

Suite. —

Bordeaux — (Suite.)

OBSERVATIONS GÉNÉRALES.

Escompte. On accorde sur toutes les marchandises, à peu d'exceptions près, un Escompte de 3 %.

Conditions et Mode de Livraison de divers articles.

CAFÉS en futs et en sacs sont vidés avant la vente. Les sacs doubles et triples doivent être ôtés par le vendeur, ou l'on en défait un ou deux, dans chaque espèce de toile, que l'on contrebalance, si mieux l'on aime les soustraire tous. Les Bourbons et Mokas se vendent toujours exempts de triages et d'avaries.

COTONS. Toute avarie fraude, pièces d'emballage et dégradation quelconque, est réglée par courtiers, comme sur tare de poids; toutes balles refaites pour cause d'avarie ou fraudées, sont réfutables par l'acheteur, lequel néanmoins a la faculté de les accepter, d'après le reglement arrêté du courtier. L'acquéreur ne peut refuser les balles ou ballots, dont l'avarie ou la fraude ne serait pas évaluée au-delà du quart du poids des collis. La surcharge se déduit sur le poids brut; l'avarie, la fraude ou la dégradation sur le poids net. La pesée se fait colis par colis.

CUIRS secs en poil, s'achètent par 50 Kil. et sont divisés en 4 espèces, soit en première qualité, sans piqûre, qu'on nomme de recette, et en

1re piqûre,	qu'on apprécie de 10 fr. le % moins que ceux de recette;
2de «	qu'on apprécie de 20 fr. le % moins que ceux de recette;
3me «	Cuirs dégradés ou avariés, se

règlent entre acheteur et vendeur avant la vente.

CUIRS ou peaux de cheval, s'achètent plus souvent à la pièce qu'au poids. Les peaux piquées éprouvent un rabais proportionné au dommage.

INDIGO. Les futailles et caisses sont vidées sur toile.

Pour tous les surons ou il y a entre le sac de toile et le cuir, un sac en paille de jonc, on alloue 1 Kil. de plus par suron; l'acheteur ne peut refuser les surons, dont l'avarie ne s'élève pas au quart. Les fraudes sont réglées par courtier. S'il se trouve des liens et oreilles lanières autour du suron, on les ôte, ou l'on bonifie suivant la surcharge, l'acheteur a le droit de refuser les surons fraudés.

PELLETERIES. Les peaux de chevreuil rasées s'achètent à la livre } de recette,
Les dito en poil « à la pièce }
avec un don de 6 %. Les piqûres ou défences à deux pour un, à moins de convention contraire.

Les peaux de castor et de vigogne s'achètent à la livre.

Les peaux d'ours, de tigre, de léopard etc. etc. s'achètent à la pièce.

Les peaux de lièvre à la pièce en recette, avec 4 % de don.

SUCRES BRUTS. Les vides sur les sucres en futs, sont reglés par courtier. On détermine le vide, lorsque le plein des futs se trouve au-dessous du jable.
Une barique doit peser 350½ Kil. pour déterminer la tare de 17 %. Le tierçon doit peser de 175 à 350 Kil. et le quart de 74 à 174½ Kil. pour celle de 20 %. Les bariques doivent être rabattues par 20 cercles; si elles sont rabattues en bariques de vin, on alloue 1 % de plus et ¾ Kil. pour chaque barre de traverse de fond.

BORDEAUX (Fin.)

Les futailles qui, par l'effet du vide réglé, dépasseront le poids da 350 Kil. deviendront barique à 17 % de tare. Les sucres bruts de l'Inde en futaille, même tare que pour ceux des Colonies françaises.

SUCRES TERRÉS. Les bariques, tierçons et quarts doivent être rabattues sur 16 cercles et les fonds dégagés de toute surcharge. S'il s'en trouve lors de la pesée, le vendeur a le droit de les ôter, ou il est obligé de bonifier à l'acheteur ½ % de surtare pour les cercles en plus et ¼ Kil. par barre de fond.

TABACS. On bonifie le vide et les avaries. Les futailles refaites sont à 25 %.

En général, toute avarie, vide, surcharge est reglée par courtier.

LIQUIDES.

EAUX DE VIE et Esprits. Les eaux de vie se vendent ordinairement en futailles de 48 à 50 Veltes, à raison de tant les 50 Veltes. Il en arrive cependant en futs de 30 Veltes, mais bien moins qu'en pièces de 50 Veltes.

L'eau de vie ordinaire est exigée à 19 ½ degrés, mais le vendeur n'est pas tenu à remonter le titre à moins d'une condition particulière.

Les *Esprits* se logent presque toujours en futailles de 75 à 85 Veltes. Les 3/6 sont reçus à 33 ½ dégrés au tempéré, et on a le droit de les exiger à ce titre; le prix se règle à tant, la velte, la futaille contient 80 à 85 Veltes au depotage. L'usage est de livrer les futailles rabattues à 4 cercles et platrées, accompagnées de l'acquit.

VINS. Les vins rouges, blancs et vinaigres se vendent par tonneau de 905 litres. (Le tonneau a 4 bariques.)

Les vins de Bourgogne, Roussillon et Languedoc par 120 Veltes.

HAVRE.

	Par	*Tare*	*Terme*
ALIZARI de Chypre et Comtat, simpl. emball.	50 kil.	4 0/0	4½ mois
— de Smirne, emball. de crin .	«	5 0/0	„
— de Tripoli, avec 2 têtes de jonc .	«	7 0/0	„
ALOÉS succotrin en B^ques de 300-400 Kil. .	½ kil.	12 0/0	3½ „
— en dit. au-dessous . .	«	10 0/0	„
— en caisses	«	14 0/0	„
ALUN !	50 kil.	nette	4½ „
AMANDES cassées, simple emball. . .	½ kil.	2 0/0	3½ „
— id. en futs	«	nette	„
— en coques, à 2 emball. . .	«	4 0/0	„
ANIS vert, en simple emball.	«	2 0/0	„
ARSENIC blanc, en baril de 200 à 205 Kil.	«	11 k. } ou net.	4½ „
— jaune, dit. de 100 à 105 «	«	7 « } ou net.	
— rouge, dit. de 50 à 60 «	«	4 « } ou net.	
BEURRE d'Isigny, en futs	50 kil.	20 0/0	„
BLÉ, le sac pesant 200 Kil.	sac	—	3 „
BOIS d'ébénisterie et de teinture . .	50 kil.	—	4½ „
— (s'il y a aubié, on accorde 1 0/0) .	«		
— de teinture effilé, en simple emball.	«	4 0/0	„ „
BRAI et Goudron	au fut	brut	„ „
CACAO en futs	½ kil.	nette	„ „
— en sacs	«	2 0/0	„ „
CAFÉ en futs	«	nette	3½ „
— en sacs	«	2 0/0	„ „
— Bourbon, en simple natte . .	«	1 kil.	„ „
— dito en double id. . .	«	2 «	„ „
— dito ½ balles en id. . .	«	1½ «	„ „
— dito ¼ id. en simple natte .	«	¾ «	„ „
— Moka en balles de 200 Kil. } gros bourr^ts sans cordes ni toile.	«	12½ kil.	„ „
— dito dito 187½ « } gros bourr^ts sans cordes ni toile.	«	11½ «	„ „
— dito dito 175 « } gros bourr^ts sans cordes ni toile.	«	10½ «	„ „
— dito dito 150 « } gros bourr^ts sans cordes ni toile.	«	9½ «	„ „
— dito dito 150 « } petits bourrelets.	«	8½ «	„ „
— dito dito 75 « } petits bourrelets.	«	4½ «	„ „
CAMPHRE raffiné en futs et caisses .	«	6 0/0	4½ „
— brut en futs . . .	«	nette	„ „
CANELLE de Ceylan en double emball.	«	6½ kil.	„ „
— dito en simple dito .	«	3½ «	„ „
— de Chine en caisses . .	«	nette	„ „
— dito en nattes . .	«	«	„ „
CHANVRE	50 kil.	brut	„ „
CIRE blanche et jaune	½ kil.	nette	„ „
COCHENILLE	«	«	„ „
COLLE de poisson	«	«	„ „

Havre — (Suite.)

	Par	Tare	Terme
COTONS du Brésil en balles . . .	½ kil.	4%	4½ mois
— dito en cuir de 60 Kil. et plus	„	8 kil.	„ „
— dito en id. au-dessous .	„	7 «	„ „
— (voyez notes.) de Caraq. Gir. etc. en cuir de 40 K. et pl.	„	7 «	„ „
— dito dito dito au-dessous	„	6 «	„ „
— du Bengale, Surate et Levante .	„	8%	„ „
— des États-Unis . . . } emballage en toile simple ou nattes.			
— de l'Isle Bourbon . }	„	6%	„ „
— de Castellemare . }			
— des Antilles . . . }			
COUPEROSE verte d'Hollande . .	50 kil.	10%	„ „
CUIRS secs, salés et tannés . . .	½ kil.	—	„ „
CURCUMA en toile simple . . .	„	2%	„ „
— en caisses, futs ou manches .	„	nette	„ „
DENTS d'Éléphant	„	—	„ „
FANONS de baleine	„	—	„ „
— (on accorde 2% pour barbe et crasse)			
FIGUES seches en cabas	cabas	. . . . . .	3½ „
— en caissetin . . .	. . . . .	12%	„ „
FROMAGE d'Hollande en papier . .	50 kil.	2%	„ „
— dito en boite . .	„	nette	„ „
— de Suisse	„	„	„ „
GALLE en balles de toile simple . .	½ kil.	2%	4½ „
— dito de crin . . .	„	3%	„ „
GINGEMBRE en futs	50 kil.	nette	„ „
— en sacs	„	2%	„ „
GIROFLE en futs	½ kil.	nette	„ „
— en balles	„	2%	„ „
GOMME en futs ou caisses	„	nette	„ „
— en sacs	„	2%	„ „
GRAINE de Perse en balles	„	2%	„ „
— d'Avignon en futs	„	nette	„ „
— de trèfle en balles de 104 à 106 Kil.	balle	—	2 „
— de lin de Russie en barils de 100 «	baril	—	2 „
HOUBLON étranger en balles . . .	50 kil.	2%	3½ „
HUILE d'olive en futs au-dessus de 250 Kil.	½ kil.	$\frac{1}{6}$me	4½ „
— dito en futs au-dessous de «	„	$\frac{1}{5}$me	„ „
— de rabette, de lin et de vitriol .	50 kil.	nette	„ „
— d'œillette et de colza . . .	baril	—	„ „
— de poisson en futs de 250 Kil. et plus	50 kil.	$\frac{1}{6}$me	„ „
— dito dito au-dessous	„	$\frac{1}{5}$me	„ „
INDIGO en futs et caisses . . .	½ kil.	nette	„ „
— en ½ surons de Caraque . .	„	7 kil.	„ „
— en ½ id. de Guatimalo .	„	7 „	„ „
— en ¾ id. de dito . .	„	10 „	„ „
— en 1/1 id. de dito . .	„	11 „	„ „

Havre — (Suite.)

	Par	*Tare*	*Terme*
JALAP en suron	½ kil.	7 kil.	4½ mois
JUS de reglisse en caisses . . .	„	nette	3½ „
LAINE d'Espagne, de Portugal et de France	„	„	4½ „
— de pouille et autres . . .	„	6 %	„ „
— de Vigogne, du Pérou en suron .	„	12 1/2 kil.	„ „
— de dit. de Bs Ayres en toile .	„	3 %	„ „
LITHARGE anglaise et française en baril	50 kil.	10 kil.	„ „
MÉLASSE en barique sans plâtres . .	„	12 %	3½ „
MÉTAUX en barres, saumons etc. . .	„	—	4½ „
MUSCADES et Macis	½ kil.	nette	3½ „
ORSEILLE en simple toile	„	2 %	4½ „
PEAUX de Daim rasées et en poil de recette	106 pièc.		„ „
— id. non de recette	2 pr un.		„ „
— de lièvre de Russie d'hiver . .	104 pièc.		„ „
— dito d'automne .	208 «	pr 104	„ „
— dito d'été . .	312 «	„ 104	„ „
— d'ours	pièce	. . . . . .	„ „
PELLETERIE fine	„	. . . . . .	„ „
PIMENT de Jamaique en futs . . .	½ kil.	nette	„ „
— dito en sacs . . .	„	2 %	„ „
— de Tabago en 2 emball. avec liens	„	8 %	„ „
— dito en 1 „ sans „	„	4 %	„ „
POIVRE en futs	„	nette	3½ „
— en balles double emball. . .	„	1 kil.	„ „
— en sacs simple id. . .	„	2 %	„ „
POTASSE et Perlasse des États-Unis .	50 kil.	12 %	4½ „
— de Russie, de Dantzig et d'Italie .	„	„	„ „
— d'Allemagne et d'Hongrie . .	„	nette	„ „
— de Finlande en futs de 200 Kil. et plus (au-dessous, tare conditionnelle.)	„	15 %	„ „
QUERCITRON en boucauds . . .	„	12 %	„ „
QUINQUINA en caisses	½ kil.	nette	„ „
— de Carthagène, en suron rond	„	6 kil.	„ „
— dito dito quarré	„	8 „	„ „
— de Calinaga, dito quarré	„	12½ „	„ „
— dito dito oval	„	4½ „	„ „
RAISINS secs en caisses	50 nil.	1 „	3½ „
— en caissetins . . .	„	½ „	„ „
— en boîtes	boîte	. . . . . .	„ „
RÉGLISSE (bois de) en balle de 55 Kil. et pl.	50 kil.	3 kil.	„ „
— en id. au-dessous . (plus 2 % pour feuilles)	„	2 „	„ „
RHUBARBE	½ kil.	nette	4½ „
RIZ en futs	50 kil.	12 %	„ „
— en sacs	„	2 %	„ „
ROCOU de Cayenne en futs . . .	½ kil.	20 %	„ „
RUM ou Tafia et eau de vie . . .	velte	. . . . . .	„ „

HAVRE — (Suite.)

	Par	Tare	Terme
SAFRANUM d'Espagne	½ kil.	nette	4½ mois
— du Lévant en ballots . .	«	2 %	„ „
— dito en cabas . .	«	10 %	„ „
SAGOU en sacs	«	2 %	3½ „
SALPÊTRE en sacs, double emball. .	50 kil.	5 %	4½ „
SALSEPAREILLE d'Honduras, emb. léger.	½ kil.	4 kil.	„ „
— dito « lourd.	«	5 «	„ „
— de Portugal en futs .	«	nette	„ „
SAVON de Marseille en caisses . .	«	«	3½ „
SOIE de porc	«	«	4½ „
SOUDE en balles avec 3 envelop. . .	50 kil.	14 kil.	„ „
— en dit. avec 4 dit. . .	«	16 «	„ „
SOUFRE brut. en canon et en fleurs .	«	nette	„ „
SUCRE en pains, avec papier et ficelles .	½ kil.	. . . .	3½ „
— brut en bariques	50 kil.	17 %	4½ „
— - tierçons	«	18 %	„ „
— - quarts	«	19 %	„ „
— - sacs de 75 Kil. et plus .	«	6 kil.	„ „
— - id. au-dessous . .	«	5 «	„ „
— - canaster de 175 Kil. et plus	«	21 «	„ „
— - id. au-dessous . .	«	11 «	„ „
— terré bariques . . .	«	13 %	3½ „
— - tierçons	«	14 %	„ „
— - quarts	«	15 %	„ „
— - caisses du Brésil . .	«	17 %	„ „
— - id. de la Havanne .	«	13 %	„ „
— - sacs de 75 Kil. et plus .	«	6 kil.	„ „
— - id. au-dessous . .	«	5 «	„ „
SUIF de Russie	«	12 %	4½ „
— de Buenos Ayres et autres, en cuir	«	brut	„ „
SUMAC en balles	«	2 %	„ „
TABAC des États-Unis en bouc. . .	«	12 %	„ „
— du Brésil en roul. et suron .	«	10 %	„ „
— d'Alsace et Palatinat en feuilles .	«	écrite	„ „
THÉ Hyson et Hysonskin en ¼ caisse .	¼ kil.	9 kil.	„ „
— dito en ⅛ „ . .	«	nette	„ „
— Young, Hyson et Tonkay } en ¼ caisse.	«	10 kil.	„ „
— Perlé, impérial et Gunpowder } en ⅛ „	«	5 «	„ „
— Soatchon, Peko, Congo, Campoy } en ¼ caisse	«	13 «	„ „
— « « « « } en ⅛ „	«	4 «	„ „
— Bohé en gr. caisse de 185 Kil. .	«	35 «	„ „
— Toutes espèces en 1/16 et 1/32 caisse .	«	nette	„ „
NB. On livre les thés francs de toile, cordes et cercl.			
VINS blancs et rouges de France . .	pièce	. . . .	3½ „
— étrangers (de liqueur) . . .	litre	. . . .	„ „

HAVRE — (Suite.)

OBSERVATIONS GÉNÉRALES.

Toutes les marchandises sont payables *en papier sur Paris,* à courts ou longs jours. Ce dernier ne peut cependant pas excéder trois mois. L'escompte se bonifie au taux de 6% par an. Le reglement doit être fait 10 jours après la livraison et dans tous les cas dans les 15 jours (accordés pour prendre livraison, et compris dans les termes de 3½ et 4½ mois), qui suivent la conclusion du marché. D'après une convention du 17 Octobre 1821, approuvée par la chambre de commerce, les articles qui se vendent à 4½ mois de terme, sont rameués au terme de 3½ mois, moyennant ½ % d'escompte, qui se déduit du montant de la facture.

CONDITIONS SUR LES COTONS.

Les *cotons* se pèsent avec les cordes ou bandes de cuir, mais pour toutes les qualités, exceptés celles des Indes orientales, on les contrepèse, en mettant du côté du poids autant de cordes, qu'ils s'en trouvent sur la balle en balance; ou bien, on prend note du nombre des cordes, qui se trouve sur chaque, en pesant en suite 8 à 10 dont le poids sert de base, pour l'évaluation du poids total des cordes, qu'on déduit du poids brut total des cotons, avant d'en déduire la tare.

On accorde un *don* de 2 Kil. par balle sur toutes les espèces de coton, à l'exception de celles de l'Inde et celles en surons, pour tenir lieu de toutes espèces de réfaction pour avarie et fauberdage au-dessous de trois Kil. par balle et de deux Kil. par ballot.

L'ouverture et l'arbitrage des cotons, d'après l'usage sus-mentionné, ayant outre les longueurs dans les livraisons, entrainé l'inconvénient de défigurer les balles, on a depuis le commencement de 1823 assez généralement contracté l'habitude, d'accorder outre les deux Kil. de don, un Kil. par balle de *surdon*, pour tenir lieu de toute refaction quelconque, excepté la mouillure.

CONDITIONS SUR LES SUCRES.

Les bariques se livrent sur 16 cercles; les quarts et tierçoes sur 12. L'excédant est arbitré; s'il y a plus d'une barre à chaque bout, l'acheteur a le droit de faire ôter ce qui excède. Le poids des quarts doit être au-dessous de 125 Kil. Celu des tierçons au-dessous de 300 Kil., Au-dessus ce sont des bariques.

L'évaluation de la vidange sur les *Bruts* s'établit ainsi :

Pour bariques de 651 Kil. et au-dessous	—	25 Kil.	par chaque pouce, excédant 4 pouces au-dessous du jable.
— dito de 650 « et au-dessous	—	20 «	idem.
— tierçons		10 «	pr chaq. pce excédant 3 pces
— quart		5 «	dito dito 2 «
— caisses du Brésil		50 «	dito dito 1 « au-dessous du couvercle.
— ½ dito dito		30 «	idem.
— ¼ dito dito		20 «	idem.

La vidange sur les *Terrés* s'établit comme suit:

Pour bariques — 18 Kil.		Par chaq. pouce, excédant 1 pouce au-dessous du jable.
— tierçons — 10 «		
— quarts — 5 «		
— caisses du Brésil — 45 Kil.		Par chaque pouce, excédant 1 pouce au-dessous du couvercle.
— ½ dito dito — 25 «		
— ¼ dito dito — 18 «		
— caisses Havanne — 12 «		

HAVRE — (Fin.)

NB. Sur les sucres en caisse on n'accorde de refaction qu'autant qu'elle excède Kil. pour les Brésils et 1 Kil. pour les Havannes.

Pour couches et graisses il n'y a lieu à refaction, que quand le dommage est stimé à 5 fr. par B^ue sur les terrés,
4 fr. par « sur les bruts.

CONDITIONS SUR LES HUILES.

Il n'y a lieu à bonification sur la tare d'une pièce d'huile d'olive, pesant environ oo Kil. si la vidange n'excède pas 3 pouces. La bonification de la tare ne se compte u'à partir de 4 pouces. Pour une ½ pièce l'estimation se fait aux deux tiers et la dange se compte à partir de 2½ pouces. Pour les cercles il doit exister une dis ance de huit pouces, la bonde comprise, et six pouces sur une ½ pièce.

Pour les huiles de baleine et de Morue, il est d'usage d'allouer jusqu'à 2 pouces e pié, sans refaction. Au-delà on accorde depuis 3 à 10 pouces = 2 Hekt à 6¼ Kil. n barils, d'environ 150 Kil. A l'égard de ceux excédant ce poids, ils doivent être efactionnés dans la proportion des futs pesant environ 600 Kil.

Le pié liquide est considéré comme marchand; la refaction n'est accordée que pour ié épais.

Les futs entièrement pleins de pié, dit drage ou degras, sont réduits à moitié aleur.

On ne peut pas exiger l'ouillage au-delà de 2 pouce de la bonde.

BOIS DE MARQUE ET DU NORD.

Les bois se toisent pour le commerce, comme suit :

A la marque composée de 3600 pouces cubes ou 300 chevilles.

Ceux biens équarris se mesurent en largeur et épaisseur, au pied du roi.

Ceux blanbottés ou peu dolés se toisent au cordeau, le quart de la circonférence n produit la largeur et épaisseur.

Ceux en grume se mesurent sous l'écorce.

Les planches ou bordages se mesurent au pied, réduit sur 12' de long, 12 de large t 2 pouces d'épaisseur, ce qui compose 24 chevilles. — 12 pieds et demi font une arque de 300 chevilles.

La Matûre se vend à la pièce et à la sonde, on la fait même dépouiller de son ubier si on le juge à propos et on ne l'achète qu'après vérification.

En vente publique on accorde 3½ mois de terme, et de gré-à-gré 4 mois.

En achetant par cargaison on accorde souvent 5—6 mois de terme.

Le courtage sur les marchandises est de ¼ %, payable par chacune des parties; elui sur les assurances est de 1 %, payable par l'assuré.

MARSEILLE.

NB. Les conditions sur cette place ne sont pas fixes ; elles se diversifient suiva le conditionnement des collis et les conventions entre l'acheteur et le vendeur. C les qu'on trouvera ci-après, m'ont été indiquées comme les plus usitées.

	Par	*Tare*	*Observation*
ALISARI de Smyrne	quint.	3 à 4 %	. . . .
— de Chypre	,,	2—5 %	. . . .
— de Tripoli	,,	5 %	ou $17\frac{1}{4}$-18 ℔
— de Comtat	,,	2 %	ou sans tare
AMANDES en balles	,,	brut p^r nette	. . . .
CACAO en futs et surons	℔	nette	. . . .
— en sacs	,,	1 %	. . . .
CAFÉ Moka en balles de ℔ 300 . .	,,	7 à 8 kil.	. . . .
— Java en dito . . .	,,	1—2 % }	. . . .
— Bourbon en sacs	,,	1 % }	ou réelle.
— dito en couffes . . .	,,	2 kil. }	. . . .
— des Antilles et du Brésil . .	,,	1 %	en sacs.
— dito dito . . .	,,	nette	en futs.
CANELLE de Chine en caisses . .	,,	«	. . . .
— dito en nattes . .	,,	«	ou 9 %.
— de Ceylon en double fardeaux .	,,	$5\frac{1}{2}$ kil.	ou 13 ℔
— dito en simple dito .	,,	$2\frac{1}{4}$ «	6 à 7 «
COCHENILLE en surons	,,	nette	. . . .
COTONS des États-Unis (sans cordes) .	50 kilog.	6 %	et 2 kil. don
— du Brésil en toile	,,	3 à 4 %	dito.
— du Bengale et Surate . . .	,,	8 %	dito.
— des Antilles	quint.	3 à 4 %	dito.
— Maho ou Jumel	,,	4 %	dito.
— commun d'Égypte	,,	4 %	et 1 % sur tar
— des Col^s espag^s en surons . .	,,	nette	. . . .
— de Castellamare	,,	4 à 5 %	. . . .
— du Levant.	,,	4—8 %	. . . .
CUIRS secs	℔	. . . . .	. . . .
CURCUMA	,,	1 à 2 %	en toile.
FIGUES en barils	quint.	12 ℔	p^r baril.
GALLE (noix de) en balles . . .	,,	1 %	ou brut p^r ne
GINGEMBRE en futs	,,	nette	. . . .
— en sacs simples	,,	1 %	2 % doubl. en
GIROFLE en couffes	℔	nette	ou 2 kil. 2 he
— en futs	,,	«	. . . .
GOMME Sénégal en sacs.	quint.	1 %	. . . .
— en futs	,,	nette	. . . .
— Barbarie en cabas	,,	7 kil.	ou 10 %.
GARANCE d'Avignon en futs . . .	,,	écrite	«
GRAINE de Perse en sacs	,,	nette	ou 1 à 2 %
— du Lévant en balles . . .	,,	1 %	. . . .
INDIGO en caisses	℔	nette	. . . .
— en surons	,,	℔ 16-22	ou nette
LAINE d'Espagne	quint.	« 14	«
— de France et d'Italie . . .	,,	nette	ou 4 %.
— du Lévant surges en toile . .	,,	2 %	} av. 1 kil p^r b
— de Barbarie dito	,,	2 %	} p^r crot. s^r ce
— idem dito en crin . .	,,	3 %	} d. Lev. et 2 k
— du Levant et Barbarie, pelades, en crin	,,	1 %	} balle de Ba
— de Romagne et Pouille, surges .	,,	4 %	en toile.
— idem idem pelades .	,,	2 %	«
— de Vigogne	,,	nette	. . . .

Marseille — (Suite.)

	Par	*Tare*	*Observations.*
MÉLASSE en futs	quint.	nette	. . . .
MACIS et muscades	℔	«	. . . .
PIMENT Jamaïque en futs . . .	,,	«	. . . .
— dito en sacs . . .	,,	1 %	. . . .
— Tabago en double emball. .	,,	2 %	. . . .
— dito en simple id. . .	,,	1 %	. . . .
POIVRE en simple emball. . . .	,,	1 %	} et 1½ % grab.
— en double id.	,,	2 à 3 %	
POTASSE d'Amérique	quint.	8 %	pet. futs 14 %.
— d'Italie	,,	10 %	. . . .
— de Russie	,,	14 %	. . . .
QUERCITRON	,,	10 %	. . . .
QUINQUINA en caisses	℔	nette	en sur. 14 ℔
RAISINS secs de Smirne, en barils . .	quint.	10 %	. . . .
— Corinthe de Lipari dito . .	,,	5 kil.	pr baril.
— dito de Zante en bottes .	,,	8 %	. . . .
— dito dito en baril. .	,,	10 %	. . . .
RIZ Caroline	,,	8-10 %	. . . .
— du Levant en couffe ord. . . .	,,	7 ℔	. . . .
— du Piemont	,,	brut pr net.	. . . .
ROCOU de Cayenne	℔	17 %	et 4 % pr feuilles
SAFRANUM d'Espagne	,,	1 %	. . . .
— du Levant, balles simples .	,,	4 %	. . . .
— dito cabas . . .	,,	10 %	ou nette.
SAVON en caisses	,,	nette	. . . .
SUC de Regiisse de Calabre . . .	,,		
le double de la tare et un quart en sus.	,,	et 2 %	pr feuilles.
SUCRE brut en bariques . . .	,,	16 à 17 %	. . . .
— en tierçons . . .	,,	18 %	. . . .
— en quarts	,,	20 %	. . . .
— en sacs	,,	5 à 6 kil.	. . . .
— terré en bariques . . .	,,	12 %	. . . .
— en tierçons . . .	,,	14 %	. . . .
— en quarts	,,	16 %	. . . .
— en sacs	,,	5 à 6 kil.	. . . .
— en caisses du Brésil . .	,,	18 %	. . . .
— en dito de Havanne .	,,	14 %	. . . .
SUIF de Russie	,,	14 %	ou nette.
TABACS des Etats-Unis en bouc. . .	,,	10 à 12 %	. . . .
— du Brésil en cuirs . .	,,	2 %	. . . .
THÉ verts en ¼ caisse	℔	9 kil.	} 22 à 25 ℔
— noirs en ¼ id.	,,	10 «	ou nette.

NB. Il n'y a pas de règle générale pour le poids, car il y a des maisons qui côtent les prix en ℔ ou quintal poids de table, et d'autres qui les côtent en kilogrammes. —

Suite. —

Marseille — (Fin.)

OBSERVATIONS GÉNÉRALES.

Il n'y a aucun escompte d'usage sur les marchandises en général, et celui qu'o[n] accorde est variable et conditionnel. Cependant on traite assez généralement le[s] cafés et sucres sous l'escompte de 2 % ou à 4 mois; mais ces conditions tout comm[e] le prix se marchandent, et il peut se faire quelquefois qu'elles soyent un peu plus o[u] un peu moins fortes. Quant aux poivres et autres articles, on a assez souvent l'habitude, e[n] traitant des parties majeures, de masquer la vente par un prix élevé, qui en réalit[é] se trouve en suite réduit par des escomptes de 6 à 8 %. Les cotons des Etats-Unis d'Égypte, du Brésil et des Indes orientales se vendent avec 2 % d'escompte, ceux du Lévant d[e] 3 à 6 % et plus. Les laines (exceptées celles d'Espagne, sur lesquelles on accord[e] souvent 6 à 10 % d'escompte avec 4 à 6 mois de terme) se vendent ordinairemen[t] avec 4 % d'escompte et 1 à 2 mois de terme.

On accorde généralement sur toutes espèces de marchandise une bonification [à] l'acheteur, pour tenir lieu de montre qu'il ne retire pas, qui équivaut à une liv[re] par chaque sept quintaux de marchandise, avec un Kil. par balle ou sac et deux Ki[l.] par fut, pour cordes de pesage.

L'huile d'olive et de poisson se vend par millerole, qui contient 64 litres et q[ui] pèse environ 58 Kilog.

Les eaux-de-vie se vendent au quintal brut, avec la futaille qui ne coute rien; c[e]pendant on vend souvent aussi au poids net, mais dans ce cas l'acheteur paye fr. de plus et fournit la futaille.

Les esprits s'achètent par 5 veltes à la jauge.

Les vins de Provence se vendent par bariquo contenant 224 litres.

Les grains se vendent par charge, qui fait 16 décalitres.
L'avoine dito dito de 24 «

Le courtage est de ⅓ %, lorsque la valeur excède 1200 fr.
et de ½ %, lorsqu'elle est au-dessous de 1200 fr.

NANTES.

	Par	Don et b. p.	Tare
BOIS de teinture	50 kil.	4 k. p. 1000	et 1 % trait
CACAO en sacs	½ kil.	,,	2½ %
en double emballage	,,	,,	3 %
en futs	,,	1 k. p. bariq.	nette
CAFÉ Moka en balles	,,	½ kil. p. balle	9 kil.
dito en demi-balles	,,	¼ ,, ,,	5 ,,
dito en gonies	,,	4 ,, p. mille	3 ,,
— Java et Cheribon en id.	,,	,,	3 %
dito en simple emballage	,,	,,	2½ %
— Bourbon en balles	,,	,,	2½ kil.
dito en demi-balles	,,	,,	1¼ ,,
— autres en sacs de toile	,,	,,	(tare)
,, en dits de pitre	,,	,,	4 %
dito en bouc.	,,	1 kil. et 1 %	nette
dito en quarts	,,	½ ,, et 1 %	,,
CANELLE de Chine en caisses	,,	1 % et ½ kil.	,,
COCHENILLE en surons	,,	½ kil. et 1 %	,,
COTONS des États-Unis avec cordes	50 kil.	1 k. p. balle.	8 %
id sans cordes	,,	1 ,, ,,	6 %
du Brésil	,,	1 ,, ,,	6 %
des Indes orientales	,,	1 ,, ,,	8 %
col[s] espagnoles en surons	,,	1 ,, p. suron	12 %
du Levant en crin	,,	1 ,, balle	8 %
id. en toile	,,	1 ,, ,,	4 %
autres en balles	,,	1 ,, ,,	6 %
id. en ballots	,,	½ ,, ,,	8 %
CUIRS secs	,,	1 % trait et	1 k p. 25 cuirs
DENTS d'éléphant	½ kil.	1 % et	4 ,, p. mille
FANONS de baleine sans barbes ni cordes	,,	1 % et	,,
GALLE en toile simple	,,	4 p. mille	3 %
en crin de 150 kil.	,,	½ k. p. b.	4 %
GINGEMBRE en futs	50 kil.	1 % et 1 k.	nette
— en sacs	,,	4 p. mille	4 %
GIROFLE en futs	½ kil.	1 kil. et 1 %	nette
en couffes	,,	4 kil. p. mille	2½ kil.
GOMME Sénégal en bariques	,,	1 kil. et 1 %	nette
dito en sacs	,,	4 kil. p. mille	2½ %
GARANCE d'Hollande	50 kil.	1 kil. et 1 %	10 %
GRAINE de trefle en balles	balle	de 104 kil.	brut
GRAINS (au comptant)	tonneau	de 15 hect.	
(l'hectol. composé de 8 boisseaux)			
HUILE d'olive sans plâtre	50 kil.	1 kil. p. bar. ½ kil. p. ½ id.	18 %
id. plâtrée	,,		20 %
de poisson id.	,,		20 %
id. sans plâtre	,,		18 %
de Sardine dit.	,,	......	20 %
id. plâtrée	,,	......	22 %

NANTES — (Suite.)

	Par	Don et b. p.	Tare
INDICO en caisses	½ kil.	½ kil. p. c.	nette
en surons	„	½ „ p. s.	7 à 11 kil.
LAINE en toile	„	1 „ p. balle	6 %
en crin	„	1 „ „	8 %
MÉLASSE en futs de 250 kilog. . .	50 kil.	1 „ p. pièc.	11 %
« « au-dessous . . .	„	„	13 %
(avec plâtre 2 % de plus) . . .			
MUSCADES et macis en futs . . .	½ kil	1 % et ½ kil.	nette
PIMENT Jamaïque en futs . . .	„	1 % et 1 „	„
id. en sacs . . .	„	4 kil p. mille	3 %
Tabago en 2 emball. . .	„	„	4 %
id. en 1 dit. . .	„	„	3 %
POIVRE en futs	„	1 % et 1 kil.	nette
en sacs	„	4 kil. p. mille	3 %
en doub. emballage . . .	„	dito	4 à 5 %
en grosses balles	„	dito et ½ kil.	4 %
POTASSE d'Amérique	50 kil.	½ kil.	12 %
— d'Italie et Russie	„	1 „	10 %
QUERCITRON	„	„	13 %
QUINQUINA en caisses	½ kil.	½ „	nette
en surons	„	„	6 %
RIZ Caroline en tierçons	50 kil.	1 „	12 %
autres en sacs	„	4 k. p. mille	2½ %
ROCOU de Cayenne en futs . . .	½ kil.	½ „ et 4 %	17 %
SAFRANUM en balles	50 kil.	1 „ p. balle	8 %
SAVON de Marseille en caisses . .	„	s. tare. se rgl.	écrite
SUC de reglisse en caisses . . .	½ kil.	4 % feuilles	nette
SUCRE en pains, papier violet . .	„	4 kil. p. mille	3 %
en id. « blanc . . .	„	„	2 %
brut en bariques de 350 kil. et au-dessus	50 kil.	1½ k. p. b[que]	17 %
dito en futs et au-dessous . .	„	½ „ „	19 %
dito en sacs	„	4 „ p. mille	8 %
terré en bariques	„	1½ „ p b[que]	13 %
dito en tierçons et quarts . .	„	½ „ p. fut.	15 %
Havanne et Brésil, en caisses, blanc	„	1 „ p. caiss.	15 %
dito en « mosc.	„	1½ „ id.	17 %
Batavia en canastres .	„	1 „ p. c[er]	15 %
dito en demi-dito .	„	½ „ id.	13 %
Mexique en surons . . .	„	½ „ p. sur.	7 %
SUIF de Russie en futs	„	1 „ p. fut	20 %
TABACS des États-Unis en bouc. . .	„	„	15 %
du Brésil en surons et rouleaux	„	„	5 %
THÉ Bohé en gr. caisses	½ kil.	1 „ p. caiss.	35 kil.
autres en ¼ «	„	½ „ „	10 „
« en ⅛ «	„	¼ „ „	6 „

NANTES — (Fin.)

OBSERVATIONS GÉNÉRALES.

Tous les articles se vendent au terme de 4 mois ou à l'escompte de 2 % à l'option les parties, excepté l'Indigo, le Café, la Cochenille et le Sucre raffiné, qui se vendent à 3 mois ou à l'escompte de $1\frac{1}{4}$ %.

Il y en a outre 15 jours de livraison en faveur de l'acheteur, mais non escomptables, à moins de convention contraire.

Il y a nombre d'articles, dont les usages varient suivant le caprice de l'acheteur ou lu vendeur, ou bien encore suivant la position des parties.

Pesage. Tous les articles emballés, sur lesquels il y a 4 kil. par mille kil. de don, u bien 1 kil. par 250 kil. se pèsent par 250 kil. — Lorsque les balles ou sacs ne euvent former des pesées régulières de 250 kil. ou approchant, on alterne les pesées . a. d. qu'on fait une pesée plus faible et une autre plus forte que 250 kil.

Tout ce qui est en futailles, en caisses ou en grosses balles de 2 à 300 ℔ se pèse olis par colis, excepté les très-petites caisses de Thé en $\frac{1}{12}$ et $\frac{1}{12}$ etc. qui se pèsent ar 4 ou 8 avec le même don que pour $\frac{1}{4}$ de caisse.

Les articles qui se pèsent à nu, comme les bois, métaux etc. sont pris à la balance ar 500 kil. environ.

Le *Courtage* est de $\frac{1}{4}$ %, payable par les deux parties.

PARIS.

	Par	Tare	Escompte
ALUN	100 kil.	nette	2 %
ALIZARI de Smyrne en crin	«	6 %	4 %
de Chypre en toile	«	4 %	
de Tripoli en joncs	«	6 %	
de Comtat en toile	«	4 %	
AMANDES cassées en simple emballage	«	2 %	2 %
dito en futs	«	nette	
en coques en deux emballages	«	4 %	
ARSENIC blanc en barils de 200—210 k.	1 kil.	11 kil.	«
jaune « 100—105 «	«	7 «	«
rouge « 50— 60 «	«	4 «	«
AZUR en poudre en barils	«	10 %	«
BOIS de marqueterie	100 kil.	. . .	3 %
de teinture en bûches	«	. . .	«
dito dito effilé en balles	«	2 %	«
BRAI sec et gras	gonne	. . .	2 %
CACAO en sacs	1 kil.	2 %	«
en futs	«	nette	«
CAFÉ Moka en balles de 150 kil. gr. bour.	«	9½ kil.	1½ %
dito « « pet. «	«	8½ «	«
Bourbon en balles	«	2 «	«
Autres en sacs	«	2 %	«
« en futs	«	nette	«
CANELLE de Ceylan en deux emballages	«	6½ kil.	2 %
dito en un «	«	3½ «	«
de Chine en caisse et nattes	«	nette	«
CHANVRE	100 kil.	. . .	«
COLLE de poisson	1 kil.	nette	«
COCHENILLE	«	«	«
COTONS Brésil sans cordes ni pièces	«	4 %	3 %
États-Unis avec cordes	«	6 %	«
id. sans cordes	«	4 %	«
Bengale et Surate	«	8 %	«
des Antilles en balles	«	4 %	«
dito en ballots	«	6 %	«
Caraque et autres en surons	«	6 à 7 k	«
du Levant en simp. emb.	«	6 %	«
dito en gros crin	«	8 %	«
dito sans joncs intér.	«	6 % et 1 kil.	«
dito avec id.	«	10½ kil.	«
COUPEROSE verte	100 kil.	10 %	«
CUIRS secs avec 6 % taureaux	1 kil.	. . .	«
de 6 à 12 % id. 1 kil. p. cuir	«	. . .	«
CURCUMA du Bengale en simple emball.	100 kil.	2 %	«
de Java	«	4 %	«
en futs ou caisses	«	nette	«
DENTS d'éléphant	1 kil.	. . .	«
DROGUERIES	«	nette	2 %
FANONS de baleine	«	. . .	3 %
FROMAGES	100 kil.	. . .	2 %
GALLE en toile simple	1 kil.	2 %	3 %
en crin	«	3 %	«
en crin lourd	«	4 %	«
GINGEMBRE en sacs	100 kil.	2 %	2
en futs	«	nette	«
GIROFLE en futs et balles	1 kil.	«	«

Paris — (Suite.)

	Par	Tare	Escompte.
GOMME Sénégal en futs	1 kil.	nette	3 %
dito en sacs	«	2 %	«
Barbarie en nattes . . .	«	6 kil.	«
GOUDRON	gonne	. . .	2 %
GRAINE d'Avignon en balles . . .	1 kil.	2 %	3 %
HUILE d'olive sans platre . . .	100 «	1/6 me	2 %
de poisson en futs de 250 Kil. et plus	100 «	1/6 «	3 %
dito dito au-dessous	«	1/6 «	«
de rabette et épurée . . .	«	nette	1/2 %
d'œillette et de colza . . .	baril	. . .	«
JALAP en surons	1 kil.	7 kil.	2 %
INDIGO en caisses	«	nette	3 %
en surons de 100—112 kilog. .	«	11 kil.	«
dito 85— 90 „ .	«	10 «	«
dito 70— 80 „ .	«	9 «	«
dito 50— 60 „ .	«	7 «	«
LAINE d'Espagne en balles de 8 arrobes.	«	8 «	12 %
dito « de 9 « .	«	9 «	«
de pouille	«	4 %	6 %
de Bohème, emball. léger . .	«	4 %	«
dito « lourd . .	«	6 %	«
de France, en toile . . .	«	4 %	«
Vigogne du Pérou en toile . .	«	3 %	3 %
dito de Buenos-Ayres en surons	«	12 %	«
LITHARGE	100 k	5 %	«
MACIS et **Muscades**	1 «	nette	2 %
METAUX	100 «	. . .	3 %
NANKIN en pièces	pièce	. . .	2 %
PELLETERIE commune	au nombre	. . .	3 %
fine	pièce	. . .	6 %
PIMENT Jamaïque en sacs . . .	1 kil.	2 %	2 %
dito en futs . . .	«	nette	«
Tabago en double emballage .	«	8 %	«
dito en simple dito .	«	4 %	«
POIVRE lourd en double emballage .	«	4 %	1½ %
léger en simple « . .	«	2 %	«
blanc en deux « . .	«	3 kil.	«
POTASSE des États-Unis	100 kil.	12 %	2 %
de Russie et d'Italie . .	«	12 %	«
d'Allemagne	«	nette	«
QUERCITRON	«	12 %	3 %
QUINQUINA en caisse	1 kil.	nette	«
de Carthagène en surons ronds	«	6 kil.	«
dito en « carrés	«	8 «	«
de Calinaga en « carrés	«	12½ «	«
dito en « ovals	«	4½ «	«
REGLISSE de Bayonne en balles de 50—55 k.	100 kil.	3 «	«
dito en « au-dessous	«	2 «	«
RIZ Caroline en futs	100 kil.	12 %	«
Autres en sacs	«	2 %	«
ROCOU de Cayenne (4 % p. feuilles) .	1 kil.	16 %	3 %
SAFRAN	1 «	nette	1 %
SAFRANUM d'Espagne	«	«	3 %
du Levant en balles . .	«	2 %	«
dito en cabas . .	«	10 %	«

PARIS — (Fin.)

	Par	Tare	Escompte.
SALSEPAREILLE d'Honduras, emb. léger	1 kil.	4 kil.	2 %
dito « lourd	«	5 «	«
de Portugal . .	«	nette	«
SAVON de Marseille	100 kil.	«	7 %
SOIE de porc	1 «	«	2 %
d'Italie	«	«	10 %
SOUFRE en fleurs et en canons . .	100 kil.	nette	[illegible] %
en masse	«	«	3 %
SOUDE avec toile	100 kil.	16 kil.	2 %
en barique	«	nette	«
SUC de reglisse (en bois et en feuilles) .	1 kil.	nette	«
SUIF de Russie	100 kil.	12 %	3 %
de Buenos-Ayres	«	nette	«
SUMAC de Sicile, simple emball. . .	«	rien	«
dito double « . .	«	2 %	«
SUCRE en pains, avec papier et ficelles .	1 kil.	nette	1½ %
candi	«	«	2 %
mélasse	100 kil.	12 %	2 %
brut, en bariques, tierçons et quarts	«	17 %	3 %
terré id. id. id.	«	13 %	2 %
Havanne en caisses au-dessus de 200 kil.	«	13 %	«
dito en « au-dessous «	«	26 kil.	«
Brésil «	«	17 %	«
Mexique en surons . . .	«	6 kil.	«
Batavia en canastres . . .	«	21 «	«
des Indes en sacs de 90—100 kil.	«	6 «	}
id. « de 60—75 «	«	5 «	} 3 %
id. « de jonc . .	«	à régler	}
TABAC en boucauds	«	12 %	2 %
en barils	«	24 %	«
Brésil en rouleaux et surons .	«	10 %	«
Alsace	«	écrite	«
d'Hollande en paniers . . .	«	4 %	«
dito en demi dito . .	«	8 %	«
THÉ perlé, impérial et Gunpowder en ½ caiss.	1 kil.	16 kil.	«
Hyson et Hysonskin . en «	«	9 «	«
Tonkai . . . . . en «	«	10 «	«
Soatschon . . . . . en «	«	13 «	«
Bohé en gr. caisse	«	35 «	«
(franc de cordes, toiles et cercles) .			
VANILLE	«	nette	2 %
VINS fins	. . .	. . . .	3 %
ordinaires	. . .	. . . .	1½ %
VITRIOL	100 kil.	nette	2 %

On accorde ordinairement un terme plus ou moins long en sus de l'escompte.

Le courtage est ½ %.

ROUEN.

	Par	Tare	Escompte.
ALIZARI de Smyrne et de Chypre .	100 kil.	4%	10%
— de Tripoli en jonc . . .	«	8%	«
— de Comtat (av. 4 à 5 kil. don) .	«	4%	«
ALUN	«	nette	3%
AZUR en poudre (suivant futs) . .	1 kil.	8-10%	2%
BOIS de teinture en buches . . .	100 kil.	1 - 2%	3%
— id. effilé, en simple emb. .	«	4%	«
BRAI gras et sec	baril	. . . . . .	2%
CACAO en futs	1 kil.	nette	2-3%
— en sacs	«	2%	«
CAFÉ Moka en balles de 150 kil. . .	«	8½ kil.	2%
— Bourbon en balles	«	2 kil.	«
— autres en sacs	«	2%	«
— dito en fûts	«	nette	«
CANELLE de Ceylan et de Chine . .	«	«	3%
CÉRUSE d'Hollande	100 kil.	écrite	«
CHANVRE	«	. . . . . .	2%
CIRE blanche et jaune	1 kil.	nette	2%
COCHENILLE	«	nette	3%
COTON du Brésil et Cayenne en toile .	«	4%	5½%
— des États-Unis et des Indes .	«	6%	«
— des Antilles et Surinam . .	«	4%	«
— de Castellamare . . .	«	4%	«
— de Bourbon et Sechelles . .	«	4%	«
— de Caraque etc. en surons . .	«	8 kil. av. don	«
— du Levant	«	6%	«
— de Macédoine sans joncs av. 1 k. pr tête	«	6%	«
— dito avec id. « 5 « joncs	«	6%	«
Tous les cotons se vendent en emb. simple, les cordes sont déduites avant de peser et on accorde un don de 5-6 kil. pr balle, à déduire avant la tare.			
COTON filé	1 kil.	nette	6%
CUIRS secs et salés	«	. . . . . .	3%
— tannés	«	. . . . . .	2%
CURCUMA en simple emball. . .	100 kil.	2%	3%
DENTS d'Éléphant	1 «	. . . . . .	«
ESSENCE de Thérébentine . . .	100 «	écrite	2%
EAU DE VIE	velte	. . . . . .	«
FER blanc	caisse de	225 feuilles	«
FIGUES seches en caissetins . . .	100 kil.	½ kil.	«
— en pagas	«	sans tare	«
GALLE en toile ou crin simple . .	1 kil.	3 kil.	10%
— d'Istrie en simple emball. . .	«	2%	«
GARANCE	100 kil.	écrite	«
GAUDE	botte	. . . . . .	1%

ROUEN — (Suite.)

	Par	Tare	Escompte.
GIROFLE	1 kil.	nette	3 %
COMME toute espèce en futs et sacs .	1 kil.	nette	3 %
GOUDRON	gonne	. . . .	2 %
GRAINE de Perse en balles . . .	1 kil.	2 %	3 %
— d'Avignon en futs . . .	,,	nette	«
— de Trefle en balles . . .	balle	de 104 kil.	1½ %
HUILE d'olive fine	1 kil.	1/6me	3. 4 %
— id. commune	,,	1/5me	8-10 %
— de poisson	100 kil.	16-18 %	3 %
— de rabette épurée . . .	,,	nette	. . . .
— de lin et d'œillette . . .	,,	,,	. . . .
— de vitriol	,,	,,	4 %
INDIGO en caisses et barils (et 1 kil. don)	1 kil.	nette	5 5½ %
— en surons de 106—110 kil. .	,,	11 kil.	«
— « 85— 90 « .	,,	10 ,,	«
— « 70— 80 « .	,,	9 ,,	«
— « 50— 60 « .	,,	7 ,,	«
LAINE d'Espagne et de France . .	1 kil.	nette	7½ %
— de Romagne et Pouille . .	,,	4 %	«
— de Bohème et Hongrie . .	,,	4 %	«
— de Berry et Roussillon . .	,,	nette	«
— de Chevron	,,	6 %	3 %
— de Vigogne, du Pérou } en cuir		12½ kil.	«
— de dit. de Bs Ayres } en toile	,,	3½	«
MANNE	1 kil.	nette	«
MIEL	100 kil.	12 %	2 %
MORUE du banc de Terre-neuve . .	,,	. . . . .	2 %
MUSCADES et Macis	1 kil.	nette	3 %
MÉTAUX	100 kil.	. . . . .	«
MÉLASSE	,,	10 %	«
PIMENT en futs	1 kil.	nette	«
— en sacs	,,	2 %	«
POIVRE en balles simple emball. de 150 kil.	,,	1¼ kil.	«
— en sacs « «	,,	2 %	«
— en futs	,,	nette	«
— blanc en balles de 100 kil. .	,,	1½ kil.	«
POTASSE d'Amérique, de Russie, et d'Italie	100 kil.	12 %	«
— d'Allemagne et du Rhin . .	,,	nette	«
QUERCITRON	,,	12 %	«
QUINQUINA en caisses	1 kil.	nette	«
— en suron (et ½ kil. p. sur) .	,,	,,	«
RAISINS secs en caisses	100 kil.	1 kil.	«
— en caissetins . . .	,,	½ ,,	«
— en boîtes	. . . . .	sans tare	«

Rouen — (Suite.)

	Par	*Tare*	*Escompte.*
RIZ Caroline en futs	100 kil.	12 %	3 %
— autres en sacs	„	2 %	«
ROCOU de Cayenne (2 % pr feuilles)	1 kil.	16 %	«
SAFRAN	„	nette	2 %
SAFRANUM d'Espagne	1 kil.	nette	3 %
— du Lévant en toile simple	„	2 %	«
— dito en cabas	„	10 %	«
SAVON de Marseille	100 kil.	nette	3 à 4 %
SELS toute espèce	„	„	3 %
SOUDE en jonc sans toile	„	14 kil.	4 %
— dito avec toile	„	16 „	«
— en bariques	„	nette	«
SOUFRE toute espèce	„	nette	3 %
— en fleurs	„	écrite	«
SUCRE en pains (sans don pr papier et cordes)	1 kil.	nette	2 %
— terré en bariques	100 kil.	13 %	2½ %
— id. en caisses du Brésil	„	17 %	«
— id. en dito d'Havanne	„	13 %	«
— brut en bariques	„	17 %	3½ %
— id. en tierçons et quarts	„	18 %	«
— de l'Inde en sacs de 90—100 kil.	„	6 kil.	«
— id. en « de 60— 75 «	„	5 „	«
— de Batavia en canaster	„	21 „	«
SUC de Reglisse (2 % pr feuilles)	1 kil.	nette	2-3 %
SUIF de Russie en futs	100 kil.	12 %	3 %
— de Buenos Ayres et Caraque en surons	„	nette	«
— du Pays	„	écrite	2 %
SUMAC en sacs	„	sans tare	3 %
THÉ Bohé en gr. caisse	1 kil.	35 kil.	«
— autres en ¼ « (sans toiles ni cordes)	„	10 „	«
VERDEC sec	„	nette	«
VITRIOL	100 kil.	„	«

Suite. —

ROUEN — (Fin.)

OBSERVATIONS GÉNÉRALES

Les conditions de payement sont presque jamais strictement observées, quoiqu tout soit cotté à l'escompte, la majeure partie des marchés s'opèrent à terme; ain tel article cotté à 3% d'escompte se traite bien souvent à $1\frac{1}{2}$ % et 3 mois de terme Les acheteurs demandent presque généralement 15 à 20 jours de plus que la cotte ainsi lorsqu'on achète le 2 ou le 3 d'un mois, on demande à compter du 15 et ver le milieu on demande à compter de la fin du mois.

Les marchandises qui se vendent en fabriques, telles que les Laines, Huiles con munes, Alizaris, Garances etc. se traitent suivant le tarif d'autre part; mais les con ditions changent en traitant directement avec le fabricant; au sur-plus c'est la re source de la seconde main, et il est rare que le haut commerce s'y initie.

CONDITIONS SUR LA VIDANGE DES SUCRES.

Sur les bariques la vidange des 3 premières pouces n'entraine aucune refaction du 3 au 9ᵉ pouce inclusivement on donne la tare sur 15 kil par pouce; du 9ᵉ e au-delà on donne sur 20 kil. pour chaque pouce.

Sur les tierçons et quarts au-dessous de 300 kil. on donne 10 kil. par pouce.

On n'accorde aucune refaction sur les sucres en caisses, si la vidange n'excède pa 2 pouces. Au-dessus de 2 pouces on accorde $\frac{1}{2}$ kil. par pouce, caisse debout.

CONDITIONS SUR LA VIDANGE DES HUILES.

Il n'y a pas lieu à refaction sur la tare des pièces du poids de 600 kil. et au dessus, si la vidange n'excède pas 2 pouces au dessous du jable, en été, et 3 pouce en hiver. La bonification de la tare ne se compte qu'à partir d'un pouce au-dessous

Le courtage est de $\frac{1}{4}$ %, payable par les deux parties.

EXTRAIT DU TARIF DES DOUANES DE FRANCE.

		Par brut ou net.		*Navire français.*		*Navire étranger ou par terre.*	
Alun brûlé ou calciné . . . Kil.		100	N	fr. 89.	40.	fr. 97.	20.
— toute autre espèce . . .		,,	B	25.	—	28.	—
Arsenic		,,	,,	15.	—	16.	50.
Bois de Fernambouc,	hors d'Europe	,,	,,	7.	—	15.	—
— dito	des entrepôts	,,	,,	10.	—		
— dito	moulu . .	,,	,,	30.	—	33.	—
— de teinture	des col. franç.	,,	,,	1.	—	—	—
—	hors d'Europe	,,	,,	2.	—	7.	—
—	des entrepôts	,,	,,	4.	—		
—	moulu . .	,,	,,	20.	—	22.	—
— d'Acajou brut	des col. franç.	,,	,,	25.	—	—	—
—	hors d'Europe	,,	,,	30	—	42.	50.
—	des entrepôts	,,	,,	37.	50.		
Brai, gras et sec		,,	,,	5.	—	5.	50.
Cacao	des col. franç.	,,	N	80.	—	—	—
—	hors d'Europe	,,	,,	115.	—	125.	—
—	des entrepôts	,,	,,	120.	—		
Café col. françaises	au-delà du cap	,,	,,	50.	—	—	—
— —	en-deçà du cap	,,	,,	60.	—	—	—
— de l'Inde	des étab. franç.	,,	,,	78.	—	—	—
— —	des id. étrang.	,,	,,	85.	—		
— —	hors d'Europe	,,	,,	95.	—	105.	—
— —	des entrepôts	,,	,,	100.	—		
Canelle fine	ét. étr. de l'Inde	1 kil.	,,	5.	—		
—	hors d'Europe	,,	,,	5.	50.	6.	—
—	des entrepôts	,,	,,	5.	75.		
— commune	ét. étr. de l'Inde	,,	,,	1.	75.		
—	hors d'Europe	,,	,,	1.	85.	2.	—
—	des entrepôts	,,	,,	1.	90.		
Chanvre teillé et étoupes . . .		100	B	8.	—	8.	80.
— peigné		,,	,,	15.	—	16.	50.
Cire brune du Sénégal français .		,,	,,	3.	—	—	—
— jaune	hors d'Europe	,,	,,	8.	—	15.	—
— dito	des entrepôts	,,	,,	10.	—		
Cochenille		1 kil.	N	1.	50.	1.	60.
Colle de poisson		100	,,	160.	—	170.	50.
Coton longue soie de l'Inde,	étab. franç.	,,	,,	25.	—	—	—
— —	dito étr.	,,	,,	30.	—		
— —	hors d'Europe	,,	,,	40.	—	55.	—
— —	des entrepôts	,,	,,	50.	—		
— (navire améric.)	des États-Unis	,,	,,	—	—	45.	29.93.
courte soie	de l'Ind. ét. fr.	,,	,,	10.	—	—	—
— —	de l'Inde ét. étrang.	,,	,,	15.	—		
— —	hors d'Europe .	,,	,,	20.	—	fr. 35.	—
— —	des entrepots .	,,	,,	30.	—		

Extrait du Tarif des Douanes de France.

	Par brut ou net.		Navire français.		Navire étrange ou par te	
Coton (nav. amér.) des États Unis .	100 kil.	N	fr. —	—	25.	29.93.
— de Turquie sans distinction	„	„	15.	—	25.	—
Cuirs secs des col. françaises	„	B	1.	—	—	—
— hors d'Europe .	„	„	5.	—	15.	—
— des entrepôts .	„	„	10.	—		
Curcuma des col. françaises	„	N	25.	—	—	—
— hors d'Europe .	„	„	35.	—	45.	—
— des entrepôts .	„	„	40.	—		
Dents d'éléphant du Sénégal franç.	„	„	50.	—	—	—
— de l'Inde ét. franç.	„	„	80.	—	—	—
— dito ét. étrang.	„	„	90.	—		
— hors d'Europe .	„	„	100.	—	110.	—
— des entrepôts .	„	„	105.	—		
Fanons de baleine pêche française .	„	B	—	20.	—	—
— dito étrangère	„	„	30.	—	35.	—
Fromages	„	„	15.	—	16.	50.
Garance en racine verte	„	„	5.	—	5.	50.
— sèche ou alizari	„	„	12.	—	13.	20.
— moulue ou en paille . .	„	„	30.	—	33.	—
Gingembre	„	„	20.	—	22.	—
Girofle des col. fr. au-delà du cap. .	1 kil.	N	1.	90.	—	—
— dito en-deçà du cap. .	„	„	2.	—	—	—
— de l'Inde, établ. franç. . .	„	„	2.	80.	—	—
— dito „ étrang. .	„	„	3.	—		
— hors d'Europe .	„	„	3.	50.	4.	—
— des entrepôts .	„	„	3.	75.		
Gommes exotiques du Sénég. franç.	100	B	10.	—	—	—
— hors d'Europe .	„	„	20.	—	30.	—
— des entrepôts .	„	„	25.	—		
Goudron	„	„	5.	—	5.	50.
Graine de Perse.	„	„	10.	—	11.	—
Houblon	„	N	45.	—	49.	50.
Huile d'olive fine	„	B	35.	—	40.	—
— commune	„	„	25.	—	30.	—
— de graines grasses .	„	„	25.	—		
— de poisson, pêche franç. .	„	„	—	15.	—	—
— hors d'Europe .	„	„	20.	—	28.	—
— des entrepôts .	„	„	24.	—		
Indigo des colonies franç. . . .	1 kil.	N	1.	—	—	—
— de l'Inde, établ. franç. . .	„	„	1.	35.	—	—
— dito „ étrang. .	„	„	1.	50.		
— hors d'Europe	„	„	1.	75.	2.	25.
— des entrepôts	„	„	2.	—		
Jus de réglisse	100	„	48.	—	52.	80.

Extrait du Tarif des Douanes de France.

	Par brut ou net.		Navire français.		Navire étranger ou par terre.	
Laines, fine brute, val. f. 3. 20. p. k, et pl.	100 kil.	B	fr. 20.	—	22.	—
— „ lav. à froid „ 6. 40. „	„		40.	—	44.	—
— „ dit. à chaud „ 8. — „	„		60.	—	65.	50.
— fine brute . . „ 1. 20. à 3. 20.	„		15.	—	16.	50.
— „ lav. à froid „ 2. 40. à 6. 40.	„		30.	—	33.	—
— „ dit. à chaud „ 3. — à 8. —	„		45.	—	49.	50.
— com. brute . . „ 1. 20 ou moins.	„		10.	—	11.	—
— „ lav. à froid „ 2. 40.	„		20.	—	22.	—
— „ dit. à chaud „ 3. —	„		30.	—	33.	—
Lin teillé et étoupes	„		10.	—	11.	—
— peigné	„		30.	—	33.	—
Macis de l'Inde, établ. franç. . .	1 kil.	N	9.	—		
— hors d'Europe .	„	„	9.	50.	10.	—
— des entrepôts . .	„	„	9.	75.		
Muscades établ. étrang. . .	„	„	7.	40.		
— hors d'Europe .	„	„	7.	90.	8.	40.
— des entrepôts . .	„	„	8.	15.		
Nankin des Indes en droiture . .	„	„	5.	—	—	—
— d'ailleurs	„	„	pro-	hibé.	—	—
Noix de galle pesantes, hors d'Europe	100	B	8.	—	15.	—
— dito des entrepôts	„	„	10.	—		
— legères	„	„	1.	—	1.	10.
Piment et poivre, établ. fr. dans l'Inde	„	N	78.	—	—	—
— „ étr. dito	„	„	85.	—		
— hors d'Europe .	„	„	95.	—	105.	—
— des entrepôts . .	„	„	100.	—		
Potasse et perlasse des États-Unis .	„	B	15.	—	21.	—
— id. p^{r} nav. amér.	„	„	—	—	17.	03. 36.
— des entrepôts .	„	„	18.	—	21.	—
Quercitron des États-Unis .	„	„	6.	—	12.	—
— id. p^{r} nav. amér.	„	„	—	—	7.	78. 96.
— des entrepots .	„	„	9.	—	12.	—
Quinquina	1 kil.	N	3.	—	3.	30.
Rhubarbe	100	„	300.	—	317.	50.

	Le prix du froment étant par Hectolitre.					Nav. am. des É. U.	Navire français					
							pays d p^{ced}		ailleurs.			
	Classe	1e.	2e.	3e.	4e.							
Rix	de fr.	26	24	22	20	3. 00. 79	—	50.	2.	50.	2.	50.
		26	24	22	20	5. 00. 79	2.	50.	4.	50.	7.	—
		25	23	21	19	7. 00. 79	4.	50.	6.	50.	9.	—
	au-	24	22	20	18	9. 00. 79	6.	50	8.	50.	11.	—
	dessous.	24	22	20	18	12. 25. 79	9.	75.	12.	75.	16.	50.

Extrait du Tarif des Douanes de France.

	Par brut ou net.		Navire français.		Navire étranger ou par terre.	
Rocou des colonies franç. . . .	100	B	fr. 10.	—	—	—
— hors d'Europe .	,,	,,	20.	—	30.	—
— des entrepôts .	,,	,,	25.	—		
Safranum	,,	,,	20.	—	22.	—
Salsepareille	,,	N	200.	—	212.	50.
Soie de porc	100	B	20.	—	22.	—
Soude	,,	,,	11.	50.	12.	60.
Soufre brut	,,	,,	1.	—	2.	—
— épuré	,,	,,	5.	—	5.	50.
Sucre brut des col. franç. au-delà du cap.	,,	N	37.	50.	—	—
— dito en-deçà ,,	,,	,,	45.	—	—	—
— terré dito au-delà ,,	,,	,,	60.	—	—	—
— dito en-deçà ,,	,,	,,	70.	—	—	—
— brut étab. franç. dans l'Inde	,,	,,	85.	—	—	—
— étab. étrang. dit.	,,	,,	90.	—		
— d'ailleurs hors d'Eur.	,,	,,	95.	—	110.	—
— des entrepôts . .	,,	,,	105.	—		
— terré étab. franç. dans l'Inde	,,	,,	100.	—	—	—
— des étab. étrang ,,	,,	,,	105.	—		
— d'ailleurs hors d'Eur.	,,	,,	115.	—	130.	—
— des entrepôts . .	,,	,,	125.	—		
— mélasse des col. françaises.	100	B	16.	—	—	—
— des col. étrangères	,,	,,	pro-	hibée.	—	—
— raffiné en pains et candi .	,,	,,	di-	to.	—	—
Suif brut	,,	,,	15.	—	18.	—
Sumac	,,	,,	25.	—	27.	50.
Tabacs en feuilles des Ét.-Un. nav. amér.	,,	,,	—	—	2.	50. 79.
— dito et hors d'Eur.	,,	,,	ex-	empt.	10.	—
— des entrepôts .	,,	,,	5.	—		
Thé des ét. franç. dans l'Inde	1 kil.	N	2.	25.	—	—
— dit. étrang. id .	,,	,,	2.	50.		
— hors d'Europe . .	,,	,,	3.	—	3.	50.
— des entrepôts . .	,,	,,	3.	25.		

Nota. Aux droits spécifiés ci-dessus, il faut ajouter le dixième.

Tares légales pour la perception des Droits.

ARTICLES.	ESPÈCES ET COLIS.	*Tare.*
Cacao et café . . .	en caisses ou futailles . .	12 %
	en balles, ballots et sacs .	3 %
Cotons de Turquie . .	en balles de crin et en jones	10 %
— autres. . . .	en ballots au-dessous de kil. 50	8 %
	en balles de kil. 50 et au-dessus	6 %
Indigo en caisse . . .	ou futaille, avec 1 sac de peau	21 %
— ,, . . .	,, ,, 1 sac de toile	14 %
— ,, . . .	,, la marchandise à nu	12 %
— en surons . . .	. . . .	9 %
— en sacs	de toile	2 %
Potasse et perlasse . . .	en futailles	12 %
Piment et poivre . . .	en id.	12 %
	en balles et sacs . . .	3 %
Sucres bruts	en caisses ou futailles . .	15 %
	en balles ou sacs de plusieurs emb.	3 %
	en id, simple emb.	2 %
— terré	en caisses ou futailles . .	12 %
	en balles ou sacs . . .	2 %
Sur toute autre marchandise, dont	le droit est payable au poids net	
La douane accorde . .	en caisses ou futailles . .	12 %
	en balles, sacs, paniers etc. .	2 %

DISPOSITIONS RÉLATIVES AUX DROITS DE DOUANE.

Abandon. Ceux à qui des marchandises sont adressées, ne peuvent être contraints en payer les droits, lorsqu'ils en font par écrit l'abandon dans les douanes; les marchandises ainsi abandonnées sont vendues au profit du trésor public.

Crédit des droits. La douane accorde quatre mois de crédit, soit en obligations, soit en lettres de change. Le receveur a la faculté de refuser ce crédit pour des motifs légitimes. Il a droit à une remise de ⅓ % sur les crédits accordés. Les négocians qui veulent anticiper le payement des droits, ne sont pas astreints à cette remise; ils jouissent au contraire du bénéfice de l'escompte dans le cas où il est autorisé.

Le crédit ne s'accorde que sur des sommes excédant fr. 600.

Les *sucres bruts* jouissent d'un crédit de six mois, lorsqu'ils sont destinés pour les raffineries.

Droit de transit. Est de 51 cent. par 100 kilog. bruts, ou de 15 cent. p[r] 100 fr. de la valeur, au choix du redevable.

Droit de retour. Les produits de l'industrie française, susceptibles d'être décrits et reconnus, qui restent invendus à l'étranger, peuvent être réimportés au simple droit de retour, qui est le même que le droit de transit.

Entrepôt fictif. Les denrées coloniales qui en jouissent, sont les cacao, cafés, cotons, girofles, muscades, poivre, sucres bruts et terrés, mélasses, tafias, canelle venant des colonies françaises. La durée de l'entrepôt ne peut excéder le terme d'une année. Par entrepôt fictif, on entend l'avantage accordé à certaines marchandises de rester chez le négociant propriétaire, sous la soumission de les réexporter ou d'en payer les droits.

DISPOSITIONS RELATIVES AUX DROITS DE DOUANE.

Entrepôt réel. Est destiné pour recevoir toutes les denrées coloniales et marchandises étrangères. C'est un magasin dont la douane et le commerce en possèdent les clefs. La durée de cet entrepôt ne peut égelement pas excéder un an, mais toutefois que les propriétaires ou consignataires justifieront qu'il leur a été impossible de vendre ou de réexporter les marchandises dans le délai accordé, on pourra obtenir une prolongation.

Plombage. Les marchandises étrangères, admises au transit, doivent être plombées. Les cacao, canelle, cochenilie, écorces médicinales, girofles, jalap, indigo, ipécacuanha, macis, muscades, orseille, piment, poivre, rhubarbe, safran, salsepareille, thé, sont soumis à un double plombage; le premier sur le colis à nu, et le second par-dessus le double emballage.

Le prix de chaque plomb est fixé à 50 cent. y compris les cordes ou ficelles.

Les futailles doivent être munies de deux plombs.

Primes d'exportation. Il existe des primes pour les sucres de canne raffinés, mélasses et savons de Marseille.

Prime de sortie par 100 kilogrammes	*des Sucres raffinés et*			*Mélass*
	Droits d'entrée, déc. compris.	Fins en pains au-dessous de 6 kil.	En gros pains de nuances égales.	
de l'Inde, bruts autres que blancs, des établ. franç.	fr. 93.50	fr. 136,25	fr. 119.95	fr. 18.
,, ,, id. des ,, étrang.	99 —	144.25	127.84	19.
hors d'Eur. ,, id. du Brés. et Hav.	104.50	154.47	149 30	21.
,, ,, id. Ant. et c. d'Am.	104 50	149 72	131.54	20.
de l'Inde, blancs ou terrés s. dist. des établ. franç.	110.—	150.59	132.58	20.
,, ,, id. des id. étrang.	115.50	158.15	139.21	21.
des Isles et du cont. d'Amerique sans distinct.	126.50	159.50	140 57	22.

La prime des sucres raffinés, avec les matières provenant des colonies françaises, continue d'être acquittée au taux établi par la loi du 7 Juin 1820.

Prime sur les Savons. Cette prime consiste dans le remboursement des droits d'entrée, dont le payement sera justifié pour les huiles communes, soudes et natrons, en calculant ce remboursement dans la proportion de 58 kil. d'huile et 35 kil. de soude ou natron par 100 kil. de savon.

Tares accordées par la douane. Le commerce a la faculté de dégager les colis de marchandises tarifées au brut, des pailles, serpillières et nattes, dont ils sont entourés. Le négociant qui n'est point satisfait de la tare légale, peut faire peser ses marchandises au net; mais il faut qu'il déclare alors le poids effectif et à la vérification en cas de différence, la saisie peut avoir lieu. Cette règle ne peut toutefois s'appliquer aux marchandises sujettes à coulage.

Transit. Le transit est entièrement aux risques des soumissionnaires, sans qu'ils puissent être exemptés du payement des droits, en alléguant la perte totale ou partielle des marchandises. Seulement dans le cas de perte justifiée par un procès-verbal la douane ne pourra exiger que le payement du simple droit d'entrée.

Les marchandises en transit dont l'entrée n'est pas prohibée, pourront être admises à la consommation intérieure du royaume, moyennant le payement des droits d'entrée sous déduction du droit de transit.

Les sucres bruts et terrés admis au transit, doivent être accompagnés d'échantillons, renfermés dans des boëtes plombées par la douane.

Les marchandises qui jouissent de la faveur du transit, sont aussi admises aux mutations d'entrepôt.

DISPOSITIONS RÉLATIVES AUX DROITS DE DOUANE (Fin.)

Le droit d'entrée et de tonnage sur les produits naturels des États-Unis, importés en France par navires américains, compris dans le tarif des droits qui précède, a subi depuis que ce *Recueil* est sous presse, une modification par une circulaire du 31 Octobre 1824 du directeur général des douanes, qui fait connaître que, conformément à l'article 7 de la convention passée entre la France et les États-Unis d'Amérique, le 24 Juin 1822, les droits extraordinaires spécifiés dans les articles 1 et 2 de ce traité, sont réduits à partir du 1 Octobre 1824 de 20 à 15 francs p^r tonneau de mer, composé de kil. 365 des cotons.

« 1016 des potasses et perlasses.

« 725 des riz et tabacs.

« 1016 de tous les articles non spécifiés et qui se pèsent; dans cette proportion le droit d'entrée, y compris le droit de tonnage, fait sur les

	Par		francs.						
Cotons longue soie	100 k.	N	43	97	45	au lieu fr.	45	29	93
« courte soie	«		23	97	45	«	25	29	93
Perlasses et potasses	«		16	52	52	«	17	03	36
Quercitrons	100 «	B.	7	34	21	«	7	78	96
Riz	«		2	38	08	«	3	00	79
	«		4	38	08	«	5	00	79
	«		6	38	08	«	7	00	79
	«		8	3	08	«	9	00	79
	«		11	63	08	«	12	25	79
Tabacs	«		1	88	08	«	2	50	79

Hollande

AMSTERDAM.

	Par	En	Escomp.	B. p	Tare
ALIZARI en balles	50 kil.	fl.	2 %	2 %	10 k
ALUN anglais et suédois en barriques	,,	ß	,,	,,	11 %
de Rome	,,	,,	,,	,,	nette
AMANDES de Barbarie en cabas	,,	fl.	,,	3 kil.	7 k
de Provence et autres en toile	,,	,,	,,	2 %	3 %
Id. en barriques	,,	,,	,,	,,	nette
ANIS d'Alicante en balles	,,	,,	,,	,,	17 k
de Barbarie en surons	,,	,,	,,	,,	7
de France et ailleurs en toile.	,,	,,	,,	,,	3 %
BAUME de Copahu en barriques	½ kil.	sols	2 et 1 %	. .	22 %
du Pérou	,,	fl.	,,	. .	nette
BOIS de teinture (campêche et jaune)	50 kil.	,,	2 %	2 %	3 % p.au
de Fernambouc, Sandal, St. Martin	,,	,,	,,	,,	. . .
d'Acajou	,,	,,	1 %	. .	. . .
BRAI sec et goudron	last	,,	2 %	. .	. . .
CACAO de Berbice et autres en balles	½ kil.	sols	1 %	. .	1 k
de Surinam dit.	,,	,,	2 et 2 %	. .	6 %
CAFÉ de Bourbon en double emballage	,,	,,	1 %	. .	4 %
des Indes en sacs	,,	,,	,, ,,	. .	3 %
Id. en futs	,,	,,	,, ,,	1 %	nette
de Moka en balles	,,	,,	,, ,,	. .	12 k
CAMPHRE brut	,,	,,	2 et 1 %	. .	nette
CANELLE courte en caisse	,,	,,	. . . .	1 %	,,
longue en fardeau	,,	,,	. . . .	. .	6½ k
CASSIA lignea en caisses	,,	,,	2 et 1 %	. .	nette
dito en nattes	,,	,,	. . . .	. .	10 %
CHANVRE non peigné *	150 kil.	fl.	1 %	1½ %	rafacti
CIRE jaune de Barbarie en surons	50 kil.	,,	2 %	2 %	10 k
d'autres lieux	,,	,,	,,	,,	nette
COCHENILLE en surons	½ kil.	ß.	1 %	nette	¾ k. p.
CORINTHES de Trieste et Zante en barriques	50 kil.	fl.	2 %	2 %	16 %
COTON en laine en balles sans cordes	½ kil.	d.	1 %	,,	6 %
en « avec cordes	,,	,,	,,	,,	8 %
COUPEROSE blanche	50 kil.	sols	2 %	,,	27 k
verte anglaise	,,	,,	,,	,,	10 %
CUIRS secs	½ kil.	,,	1 %	,,	1k.p.
CUMIN d'Alicante	50 kil.	fl.	2 %	,,	17 k
de Malte	,,	,,	,,	,,	4 ,,
CURCUMA du Bengale	,,	,,	,,	,,	3 ,,
de Java	,,	,,	1 %	—	8 ,,
EPONGES en balles de 200 ℔	½ kil.	,,	2 et 1 %	. .	6
FIGUES de Malaga en barils	50 kil.	,,	2 %	2 kil.	12 %
de Smyrne en caisses	,,	,,	,,	,,	14 %
GALLES d'Alep	,,	,,	,,	2 %	3 k
de Smyrne	,,	,,	,,	,,	10 ,,
GARANCE	,,	,,	,,	1 %	nette
GINGEMBRE en balles	,,	,,	,,	2 kil.	2 %

AMSTERDAM — (Suite.)

	Par	*En*	*Escomp.*	*B. p.*	*Tare*
COMME arabique en cabas	50 kil.	fl.	2 %	2 %	7 kil.
Sénégal en barriques	,,	«	,,	«	nette
adragante en sacs	,,	«	2 et 1 %	. .	4 kil.
euphorbe en surons	,,	«	2 et 2 %	. .	7 kil.
sandaraque	,,	«	,,	. .	«
benjoin et copale en futs	½ kil.	sols	2 et 1 %	. .	nette
GRAINE d'Avignon	,,	«	2 %	2 %	4 kil.
de Smyrne	,,	«	,,	«	8—12 k.
de paradis	,,	«	2 et 1 %	. .	2 kil.
HUILE de baleine	2 steck.	fl.	1 %	. .	. . .
d'olive de Gênes et Pouille	pipe	sols	,,	. .	. . .
d'anis en bouteilles	½ kil.	fl.	2 et 1 %	. .	1½ kil.
de thérébentine en futs	50 kil.	«	2 et 2 %	. .	22 %
de vitriol en bouteilles	½ kil.	sols	2 et 1 %	. .	«
INDIGO en surons de 80—110 ℔	,,	«	1, 2 et 1 %	. .	10 kil.
en caisses	,,	«	,,	. .	nette
JUS de reglisse en caisses	50 kil.	fl.	2 et 1 %	. .	1⅛ k. p. R.
LAINES (voyez f° 53.) *	½	sols			
MACIS et muscades	,,	«	. . . .	1 %	nette
MANNE de Calabre	,,	«	2 et 1 %	. .	1 kil p. R.
de Sicile	,,	«	,,	. .	⅞ k. ,,
MÉLASSE en barriques de ℔ 1200	100 kil.	fl.	2 %	2 %	12 %
ORSEILLE en barils	50 kil.	«	,,	«	10 %
PIMENT jamaïque en sacs	,,	«	2 et 1 %	. .	3 kil.
id. en futs	,,	«	,,	. .	nette
POIVRE noir en balles	½ kil.	s.	2 %	. .	4 kil.
d'Espagne «	,,	«	2 et 2 %	. .	6 kil.
long en futs	,,	«	2 et 1 %	. .	nette
POTASSE d'Amérique	50 kil.	fl.	13 m. rab. 1 %	2 %	21 kil.
de la Baltique	,,	«	,,	«	10 %
PRUNES d'Entes en barils	,,	fl.	2 %	«	22 %
communes de France en barriques	,,	fl.	,,	«	18 %
QUERCITRON en caisses	,,	fl.	,,	«	20 %
en futs	,,	«	,,	«	12 %
QUINQUINA d'Amérique en surons	½ kil.	sols	2 et 1 %	2 kil	10 %
royal en pet. dit.	,,	«	,,	. .	5 kil.
dit en caisses	,,	«	,,	. .	nette
RACINE angélique en paniers	,,	«	,,	. .	3 kil
dito en balles	,,	«	,,	. .	4 kil.
Galanga minor ,,	50 kil.	fl.	,,	. .	«
Jalap. rhubarbe, sassafras	½ kil.	sols	,,	. .	nette
salseparcille d'Hondouras	,,	«	,,	. .	8 kil.
dito de Lisbonne	,,	«	,,	. .	4 %
RAISINS de Malaga en barils	50 kil.	fl.	2 %	2 kil.	12 %
de Smyrne en dit.	,,	«	,,	2 %	14 %
de Corinthe en ,,	,,	«	,,	«	«
RIZ Caroline en futs	,,	fl.	,,	«	nette
autres en sacs	,,	«	,,	«	3 kil.
ROCOU (et 4 % p. feuilles)	½ kil.	sols	,,	«	20 %
RUM	anker	fl.	1 %	. .	. . .
SAFRAN en sacs de ℔ 30	½ kil.	«	2 et 1 %	. .	½ kil.
SAFRANUM en balles	50 kil.	«	2 %	2 %	4 %
SALPÈTRE en sacs simples *	,,	«	1 et 1½ %	. .	4 kil. R.
SENÈS en balles sans cordes	,,	«	2 et 2 %	. .	14 %
SOIES de porc en futailles	,,	«	1 %	2 %	nette

AMSTERDAM — (Suite.)

	Par	En	Escomp.	B. p.	Tare
SOUDE en barils	50 kil.	fl.	2 %	2 %	4 %
SOUFRE brut en barriques	,,	«	,,	«	nette
fleur en dit.	,,	«	2 et 2 %	. .	10 %
SUCRE brésil blanc en caisse	100 kil.	«	2 %	2 %	18 %
Voy. Obs. { dit. Moscovad. (et 18 mois rabais)	,,	«	,,	«	«
havanne dit.	,,	«	,,	«	«
jamaïque et St. Domingue	,,	«	,,	«	«
col. françaises	,,	«	,,	«	«
dit. hollandaises	,,	«	,,	«	20 %
des Indes en sacs, nattes, surons	,,	«	,,	«	10 %
dit. en canasters	,,	«	,,	«	12 %
raffiné	½ kil.	S.	3 %		nette
SUIF de Russie en futs	50 kil.	fl.	1 %	2 %	18 %
SUMAC de Porto en balles *	,,	fl.	2 %	«	4 kil. [illegible]
de Sicile dit.	,,	«	,,	«	3 kil
TABAC du Brésil en rouleaux	½ kil.	sols	,,	«	«
de Varinas en Canastres	,,	«	2 et 1 %	. .	7½ kil
des États-Unis (et 8 % p. côtes)	«	«	1 %	2 %	N. et Ra[illegible]
THÉ en caisse	,,	«	,,	. .	20—30
en quart	,,	«	,,	. .	10—13
VEDASSE en barriques (18 m. rabais)	50 kil.	fl.	,,	2 %	10 %
VITRIOL de Chypre	,,	fl.	2 et 2 %	. .	nette
VIN de Bordeaux	tonneau	L. gr.	1 %	. .	. .
de Roussillon	50 steck.	«	,,	. .	. .
de Madeire	pipe	fl.	,,	. .	. .
d'Espagne	2 bottes	L. gr.	,,	. .	. .

Note. La tare indiquée aux Jus de réglisse et Manne par un R. veut dire par Rotol, tare italienne marquée sur les Colis.

OBSERVATIONS GÉNÉRALES.

D'après une convention entre les négocians de cette place et généralement dans tout le royaume des Pays-Bas, les achats et ventes se font depuis le 1 Janvier 1821 en kilogrammes de France, appelés en Hollande *nederlandishe Ponden.*

Le commencement en a été fait avec les *cafés*, sur lesquels on a établi les nouvelles conditions suivantes :

La bonification tacite à la balance sur les futailles et sacs est supprimée. Les futailles sont tarées au net, leur poids augmenté d'un kilogramme par futaille, avec 1 % de déduction pour bon poids sur le poids total.

Sur toutes les balles ordinaires des Indes orientales et occidentales on accorde 3 % de tare, sans bon poids, et les cafés fabriqués, en balles, pesant kil. 150, jouissent d'une tare de 4 kilogrammes.

Sont également supprimées les déductions antérieures de 2 et 2 % sur l'argent, et on n'a conservé que l'escompte de 1 % pour payement comptant, en cas qu'on ne veuille pas jouir du terme de 3½ mois.

Lorsque les fûts et caisses des sucres bruts et terrés pèsent moins que kilogr. 393 en barriques de la Jamaïque, St. Domingue et Tabago, on n'alloue pour la tare que kil. 70.

,,	252 dito des colonies françaises, Trinidad, St. Thomas, St. Eustache, Ste. Croix et St. Martin	,, 45.
,,	166 en tierçons id.	,, 30.
,,	126 en quarts id.	,, 22½.
,,	63 en huitièmes id.	,, 11¼.

Amsterdam — (Fin.)

kilogr.	302	en barriques de Surinam, Demerari, Berbice etc. .	kil. 60.
„	126	en quarts de id.	„ 25.
„	496	en caisses entières du Brésil	„ 90.
„	248	en $\frac{1}{2}$ dit. dit.	„ 45.
„	124	en $\frac{1}{4}$ dit. dit.	„ $22\frac{1}{2}$.
„	222	en caisses entières de la Havanne	„ 40.
„	111	en $\frac{1}{2}$ dit. dit.	„ 20.
„	56	en $\frac{1}{4}$ dit. dit.	„ 10.

Comme on verra par le tarif précédent, il y a des articles, comme la laine, potasse et vedasse, sucre du Brésil moscovades, qui se vendent outre l'escompte de 1 à 2% avec un rabais de 18 à 21 mois. Ce rabais est compté sur cent, à raison de 8% par an, de manière que 114 perdent 14 pour 21 mois, et que 112 perdent 12 pour 18 mois, qui se déduisent avant l'escompte.

* Il y a également des articles qui sont sujets, outre la tare fixe, p. e. le chanvre non peigné, laine d'Espagne, salpêtre en sacs, sumac en balles et tabacs des États-Unis, à une rafaction de tant pour cent, prononcée par des experts jurés.

La cochenille supporte une augmentation de 4% avant la déduction d'un pr cent d'escompte.

Sur les Laines d'Espagne on accorde pour la tare, le poids des balines et 12 kil. sur $87\frac{1}{2}$ kil., sans bon poids, avec 21 mois de rabais et 1% escompte.

Sur celles du Portugal on accorde 2% bon poids et 14% de tare. L'escompte et le rabais comme ci-dessus. Le courtage sur les Laines est de 1%. Le prix en est en argent de banque, dont l'agio à raison de 4% est ajouté au montant net.

MONNOIES ET MESURES.

1 livre de gros a 20 schellings à 12 deniers.

1 dit fait $2\frac{2}{5}$ écus d'Hollande ou fl. 6.

1 florin d'Hollande a 20 { stuber / sols } ou $3\frac{1}{3}$ shell. ou 40 deniers gros.

Le last de grains contient „$21\frac{3}{5}$ tonnes" 27 muids ou 36 sacs.

Le last correspond à environ 30 hectolicres.

12 steckans, ou $31\frac{1}{2}$ Viertels, ou 96 Stoops rendent environ $2\frac{3}{4}$ Hectolitres.

Les vins du Rhin et de la Moselle et les eaux-de-vie se vendent par Aime de 4 ankers, 8 steckans, 21 viertels ou $152\frac{1}{2}$ litres.

La pipe huile d'olive est comptée pour 717 mingels, et doit peser environ 782 kil.

L'huile de chanvre, de lin et de navette se vend par $7\frac{1}{2}$ steckans ou 120 mingels, qui pèsent environ 130 kil.

L'huile de baleine se vend par 12 steckans à 16 mingel, en barriques de 18 à 21 steckans.

Le beurre se vend par tonne ; celui de Leyde pèse kil. 160, celui de la Frise kil. 164, celui de Mastenbrok kil. 200, et celui de la Hollande, qualité commune, kil. 168 par tonne. Les trois premières espèces, sans le bois, et la dernière, bois compris.

Un last d'harengs est de 12 tonnes ou caques.

Le courtage sur les brais et goudrons, cafés, chanvres, cotons en laine et filés, cuirs secs, cuivres, quercitrons, soies de porc, sucres bruts et raffinés, et teintures de toutes espèces, est de $\frac{1}{2}$ %.

Sur les drogueries il est presque généralement de 1%.

Sur les autres articles il varie suivant la nature des marchandises ou des hauts et bas prix et se paye par colis ou par 100 livres.

Note. Le commerce d'Amsterdam a eu l'intention de supprimer, à commencer du 1 Janvier 1824, tous les anciens usages et conditions surannées, mais ce projet n'a pas encore réussi, puisqu'on a trouvé trop de difficultés dans l'application des nouvelles conditions.

ANVERS.

	Par	Tare
ANIS en balles	50 kil.	2 %
BOIS de teinture	«	—
de reglissé	«	2 %
BLEDS et autres grains	hectol.	—
BRAI et goudron	baril.	—
CACAO en futs	½ kil.	nette
en surons	«	10 %
en sacs	«	2 %
CAFÉ en futs	«	nette
en sacs	«	2 %
Bourbon en balles	«	2¼ kil.
dito en demi-balles	«	1¼ «
Java en gonjes	«	6 «
Moka en balles de 150 kil. . . .	«	12 «
CANELLE en fardeaux simples . . .	«	5 à 6 «
dito doubles . . .	«	8½ «
en cuir	«	7 «
en nattes . . . par ballotin . .	«	½ «
en caisses	«	nette
CLOUS de girofle	«	«
COCHENILLE en surons . . . par sac intérieur	«	1½ kil.
COUPEROSE en barriques de 400—500 kil. .	50 kil.	10 %
COTON des États-Unis et autres en toile .	½ kil.	4 %
(les cordes sont contrepesées ou otées)		
du Levant	«	6 %
les jones aux deux bouts s'enlèvent avant la pesée; s'il y en a dans l'intérieur, on accorde 5 kil. par balle pour tous les jones.		
caraque et autres en surons . . .	«	6 kil.
filé, rouge et blanc, en balles . .	«	8 %
dito dito en paquets . .	«	⅛ kil.
CUIRS secs	«	—
CURCUMA en balles	50 kil.	2 %
FRUITS SECS, Amandes en paille	«	6 %
« en cabas	«	10 kil.
« en balles	«	2 %
« de Valence en toile .	«	4 kil.
« dito en jones .	«	16 «
Corinthes de Trieste et Lipari .	«	10 %
« de Zante	«	14 %
Figues de Provence en caisse .	½ kil.	6 kil.
« de Smyrne et Contades .	50 kil.	10 %
« Commodes	½ kil.	12 %
Prunes en barriques	50 kil.	14 %
Raisins de Malaga en cabas .	«	6 %
« dito en barils .	«	10 %
« de Smyrne	«	12 %
« de Provence en p. c. .	caisse	—
GARANCE en boucauds	50 kil.	écrite
GINGEMBRE en id.	«	nette
en sacs	«	2 %
GOMME en id.	«	«
en cabas	«	7 kil.
en futs et caisses	«	nette

Anvers — (Suite.)

	Par	Tare
GRAINE de Colza, de chanvre et de lin	hectol.	—
de trefle en balles	½ kil.	1 ½ kil.
HUILE d'olive, de lin et de Colza	hectol.	et 4 % s. l jauge
d'œillette	tonne	. . . .
de poisson	100 litres	. . . .
INDICO en caisses et barils	½ kil.	nette
en surons de 85 – 104 kilog.	«	9 ½ kil.
de 66 — 84 «	«	8 ½ «
de 55 — 65 «	«	7 ½ «
de 42 — 54 «	«	7 «
JUS de reglisse (et 2 % p. feuilles)	50 kil.	14 %
LAINE d'Espagne et Portugal	½ kil.	6 %
de Danemark	«	3 %
du pays	«	6 % ou nette
autres espèces en simple emballage	«	2 %
MACIS et muscades	«	nette
MÉLASSE d'Anvers (et 2 kil. p. 500 kil.)	50 kil.	dito
étrangère sans plâtre	«	10 %
dito avec id.	«	12 %
NOIX de galle en crins	«	5 kil.
en toile	«	3 «
PIMENT en balles	«	2 %
POIVRE en sacs simples	½ kil.	«
en double emballage	«	4 %
en balles de 350—450 ℔	«	6 à 7 kil.
POTASSE d'Amérique	50 kil.	12 %
autres lieux	«	10 %
QUERCITRON	«	«
QUINQUINA en caisse	½ kil.	nette
en suron oval de 25—30 kil.	«	4 ½ kil.
dito quarré de 60 «	«	5 ½ «
dito « de 85—95 «	«	12 «
RIZ Caroline	50 kil.	12 %
autres en sacs	«	2 %
ROCOU (avec 1 % p. cordes et 2 kil. p. feuilles)	½ kil.	14 %
RHUM	litre	. . . .
SALPÊTRE brut en double emballage	½ kil.	4 ½
raffiné en balles	«	14 ½
SALSEPAREILLE en bottes	«	1 kil.
SAVON (et 2 % surtare)	50 kil.	écrite
SOUDE en balles de jonc	«	15 kil.
en emballage de toile	«	4 %
en barriques	«	12 % ou nette
SOUFRE brut et en canons	«	nette
en fleurs	«	10 % ou nette
SUCRES raffinés en pains d'Anvers, p. cord. et pap.	«	5 %
dit. « étrang. dit.	«	3 ½
dit. en candis	½ kil.	nette
Havanne en caisse	50 kil.	14 ½
Brésil dit.	«	16 ½
Batavie en canastres	«	9 ½
Bengale en double emballage	«	5 kil.
Bourbon en nattes	«	6 %
Manille en joncs	«	3 %
autres en barriques et barils (remplies et sans surcharge)	«	14 %

Anvers — (Fin.)

	Par	*Tare*
SUIF de Russie	50 kil.	12$^0_0$
de Buenos-Ayres	„	10$^0_0$
du pays	„	nette
SUMAC en balles	„	2$^0_0$
TABAC des États-Unis	$\frac{1}{2}$ kil.	10$^0_0$
du Brésil en rouleaux	„	8—10$^0_0$
tous autres	„	nette
THÉS noirs et verts en $\frac{1}{4}$ caisse de kil. 42 .	„	13 kil.
« $\frac{1}{4}$ « au-dessous .	„	12 „
« $\frac{1}{6}$	„	9 „
« $\frac{1}{8}$	„	7 „
« $\frac{1}{12}$	„	5 „
« $\frac{1}{16}$	„	3 „
« boëtes	„	nette
Bohé en grande caisse	„	46 kil.
« $\frac{1}{2}$ «	„	23$\frac{1}{2}$ „
« $\frac{1}{4}$ «	„	13 „
Lorsque les caisses sont enveloppés de toile, on bonifie 3 kil. par $\frac{1}{1}$ caisse, 2 kil. par $\frac{1}{2}$ caisse et 1 kil. par $\frac{1}{4}$ caisse.		
VINS de France	pièce	. . . .
de Madère	pipe	. . . .
de Malaga	botte	. . . .

OBSERVATIONS GÉNÉRALES.

Toutes les marchandises se vendent en florins à 100 cents (dont 189 fl. font fr. 400 de France) et en kilogrammes de France. Les ventes se font au comptant, avec 2$^0_0$ d'escompte, souvent à six semaines ou à deux mois, avec 1$\frac{1}{2}$ $^0_0$ d'escompte. Sur les sucres bruts et terrés et les cuirs secs, on donne 3$^0_0$ d'escompte au comptant ou 1$\frac{1}{2}$ $^0_0$ avec trois mois de terme. Les grains et graines, huiles de colza et de lin, nankins et rhum, se vendent au comptant, sans escompte.

Le bon poids de 2$^0_0$ est supprimé, ainsi que les 5$^0_0$ pour poils sur les cuirs; mais la bonification des 6$^0_0$ pour côtes sur les tabacs, 2$^0_0$ pour poussière sur la cochenille et l'indigo, est conditionnelle.

Le Courtage de $\frac{3}{4}$ $^0_0$ est à la charge du vendeur.

ROTTERDAM.

	Par	En	Bon pds.	Tare	Escompt.	Courtage
BOIS d'acajou . . .	2 palmes	S.	—	—	1%	½ %
de construction . .	«	,,		—	1 et 1% *	1%
de campêche et jaune	50 kil.	fl.	1½ et 1%	3% lot.	1%	6 s. p. 50 k.
de Fernambouc, Sapan	«	,,	,,	—	,,	,,
et autres de teinture .	«	,,	,,	—	,,	,,
CACAO	½ kil.	S.	1%	3%	2, 2 et 1% *	fl. 1 p. % kil
CAFÉ Moka en ball^s. de 150 k.	«	,,	—	12 kil.	1%	,,
Java en gonjes . .	«	,,	1%	8%	,,	,,
de toute espèce en futs	«	,,	,,	nette	,,	,,
id. en sacs	«	,,	—	3%	,,	,,
COTON en laine, sans cordes	«	den.	2 k. et 1%	6%	,,	1%
id. avec id. .	«	,,	,,	8%	,,	,,
id. en surons .	«	,,	1%	12%	,,	,,
CUIRS secs et salés . .	«	S.	—	—	4% *	,,
tannés et corroyés .	«	,,	—	—	2% *	,,
DROGUERIES.	—	—	—	—	—	—
Anis	50 kil.	fl.	1½ %	4%	2 et 1%	1%
Argent vif en cruches .	½ kil.	S.	1%	N. ou 7 $\frac{6}{10}$ k	1%	½ %
Bois de reglisse. . .	50 kil.	fl.	1½ %	6k p. ball.	2 et 2%	10 s p. b.
a) *Cantharides* . . .	½ kil.	S.	,,	nette	2 et 1%	1%
Camphre brut . . .	«	,,	,,	,,	,,	,,
dito raffiné . .	«	,,	,,	,,	2 et 2%	,,
Colle de poisson . .	«	,,	,,	,,	2 et 1%	,,
Crême de tartre . .	50 kil.	fl.	,,	,,	2 et 2%	,,
Écorces de citron . .	«	,,	,,	12-24k b.	,,	16-24 s pb
id. d'orange . .	«	,,	,,	,,	,,	,,
id. de Grenade . .	«	,,	,,	nette	,,	2 s. p. 50k.
Gomme arabique . .	«	,,	,,	,,	2 et 1%	1%
id. Sénégal. . .	«	,,	1 et 1½ %	,,	1%	½ %
id. Barbarie . .	«	,,	1½ %	7 k. p. sur.	,,	,,
Jus de reglisse (et 2 kil. p. feuill.)	«	,,	,,	nette	2 et 1%	10 s. p. cais
Litharge en barils . .	«	,,	,,	10 kil. p. b.	1%	10 s. p. bar
Manne	½ kil.	S.	,,	nette	2 et 1%	1%
Quinquina	«	,,	,,	,,	,,	,,
Rhubarbe	«	,,	,,	,,	,,	,,
Salpêtre brut . . .	50 kil.	fl.	1 et 1½ %	5 kil p. b.	1%	½ %
id. raffiné. . .	«	,,	,,	nette	,,	,,
Salsepareille . . .	½ kil.	S.	1½ %	3-4 / 6 8 } k. p. ball.	2 et 1%	1%
Sel de Saturne et ammoniac.	«	,,	,,	nette	,,	,,
Séné	«	,,	,,	14%	,,	,,
Soude	50 kil.	fl.	1½ et 1%	4%	1%	3 s. p. % kil.
Soufre brut . . .	«	,,	,,	—	,,	½ %
Tamarin	«	,,	1½ %	16%	2 et 2%	4 s. p. % kil.
ÉPICERIES.	—	—	—	—	—	—
Canelle de Ceylon . .	½ kil.	S.	b p et tar	6k. p. fard	1% *	½ %
id. de Chine . .	«	,,	—	10%	,, *	,,
Clous de girofle en futs .	«	,,	—	nette	comptant	,,
Gingembre en balles. .	50 kil.	fl.	1%	3 kil.	1%	4 s. p. balle
Macis en barils de 50 kil.	½ kil.	escal	—	nette	comptant	½ %
Muscades en barils de 75 à 100 kil.	«	S.	—	,,	,,	,,
Piment en sacs . . .	50 kil.	fl.	1%	6% ou 3 k p s	2%	10 s. p. % k.
Poivre en balles . .	½ kil.	den.	,,	2½ kil	,,	,,
Safran	«	fl.	—	1½ kil.	comptant	½ %
Vanille	«	,,	—	nette	2%	1%

Rotterdam (Suite.)

	Par	En	Bon pds.	Tare	Escompt.	Courtag
FRUITS.						
Amandes de Valence .	50 kil.	fl.	2%		2%	12 s.p.ba
de Provence, Prunesse et Molares	«	,,	,,	3%	,,	et
dito en coques . .	«	,,	,,	8 kil.	,,	24 s.p.fu
Citrons et oranges . .	caisse	,,	—	—	8 et 1%	1%
Corinthes	50 kil.	,,	2%	16-17-18%	2%	18 s.p fu
Figues	«	,,	2 kil.	14%	,,	2 s.p col
Prunes de Bordeaux . .	«	,,	2%	18%	,,	2 s.p.%ki
id. d'Antes . . .	«	,,	,,	net.et 1½%	,,	2 s.p.ca
Raisins de Smyrne . .	«	,,	,,	14%	,,	3 s.p.%ki
GRAINS. *Froment, pois,* .	last					
Fèves, haricots . . .	de				4 semain.	1% ou fl.
Avoine , . . .	30 muids	,,	—	—		le last
Orge et seigle . . .	«	au poid fixé		à la vente	,,	1%
Blé sarrasin . . .	au pds.de	70 k.	—	—	,,	,,
Riz Caroline . . .	50 kil.	escal	1%	net et 1k.	1%	5 s. p. B
dit. des Indes . . .	«	,,	,,	3 kil.p.sac	,,	3 s. p. sa
GRAINES de colza, lin et chanvre	last de 30 muids	fl.	—	—	comptant	1%
de Canarie et de Moutarde	muid	,,	—	—	—	3 s. p. sa
de Carvi et coriandre .	50 kil.	,,	—	—	1 et 1% *	6 s.p.%ki
de trèfle	«	,,	—	3k. p.bal.	,, *	,,
de Genièvre	«	,,	—	nette	1%	4 s. ,,
HUILE de baleine . . .	90 stoops	,,	1%	—	,,	6 ,, 90 s
de chanvre, colza et lin	56 «	,,	—	—	,,	4 ,, 56 ,
de dit. de Russie .	57 «	,,	—	—	,,	4 ,, 57 ,
de foie de morue .	tonne	,,	—	—	,,	4 ,, ton
d'olive et d'œillette .	340 st	,,	—	—	,,	8 ,, hect
de thérébentine .	50 kil.	,,	1% et 1%	22%	,,	12 ,,bari
de vitriol en bout[s] .	½ kil.	S.	—	nette	2 et 1%	10 ,, bou
LIQUIDES. *Arrak* . .	legger ou	fl.	—	—	1%	2% le ven
dito . . .	stoops	S.	—	—	,,	1% l'ach
Eau-de-vie . .	30 veltes	livre	de gros	—	,,	fl. 2 l. ven
dite . . .	«	,,	—	—	,,	fl. 1 l'ac
Esprit . .	«	,,	—	—	,,	fl. 3 l. ven
dito . . .	«	,,	—	—	,,	fl. 1½ l'ac
Genièvre . .	«	,,	—	—	,,	6 s. p. bar
Rhum . .	stoops	S.	—	—	,,	fl. 3 p. fu
Vins . . .	le ton. de	livre	de gros	—	,,	fl. 1½ l. to
dito . . .	4 barriq.	id.	—	—	,,	l'achete
Vinaigres . .	id. ou 6 T.	id.	—	—	,,	fl 6 l ven.
MARCHANDISES diverses.	—	—	—	—	—	—
Amidon	50 kil.	fl.	—	nette	1%	3 s p.bar
Brai et goudron . .	last d. 13 t.	livre	de gros	—	,,	1%
Chanvre	150 kil.	fl.	1%	—	,,	,,
Cire	50 «	,,	½ k.p.pes	de 250 kil.	,, *	,,
Colle forte . . .	«	,,	½ et 1%	nette	,,	½%
Cornes de bœuf. . .	100 paires	,,	—	—	1 et 1%	1%
Crins de chevaux . .	50 kil.	,,	—	—	,,	,,
Dents d'éléphant . .	½ kil.	den.	1%	—	2%	¼%
Écaille de tortue . .	«	fl.	,,	—	,,	,,
Écorces de chêne . .	1000 kil.	,,	—	—	1%	1%
Fanons de baleine . .	100 «	,,	1%	—	,,	,,
Fromages d'Hollande .	50 «	,,	—	—	,, *	—
Houblon	100 «	,,	1½%	—	,,	1%

ROTTERDAM — (Suite.)

IARCHANDISES (Suite.)	*Par*	*En*	*Bon pds.*	*Tare*	*Escompt.*	*Courtage*
Miel en barriques	50 kil.	fl.	1%	50 kil.	1%	fl. 1 p. bar.
Nacre de perles	½ kil.	S.	1½ %	nette	2 et 1%	1%
Nankin	pièce	„	—	—	1%	„
Peaux de lièvre	105 pièc.	„	—	—	„	„
Potasse d'Amérique	50 kil.	escal	1½ %	22½ k. p. b.	10½ et 1%	12 s. p. bar
dito de Dantzig, Russie	«	„	„	10%	„	3 s. p. % kil.
dito de Toscane	«	„	„	„	„	„
dito du Rhin	«	„	„	nette	„	„
Résine d'Amérique	«	fl.	„	30 k. p. bar	1%	4 s. p. bar
Rottins	«	„	—	—	1 et 1% *	1%
Quercitron	«	„	1½ et 1%	12%	1%	½ %
Savon de Marseille	«	„	2%	nette	2%	4 s. p. caiss
Stockfisch	100 kil.	„	1%	—	1%	4 s. p. % kil.
Suif de Buenos-Ayres	50 «	„	„	6 k. p. sur.	„	1%
dit de Russie	«	„	„	18%	1 et 1%	„
dit du pays	«	„	„	[ne]tte	1%	„
Soie de porc	«	„	—	N. ou 16 k.	„	
ÉTAUX.	—	—	—	p. poid.	—	—
Acier et *fer*	50 kil.	fl.	—	—	et 1%	1%
Cuivre et *étain*	«	„	1%	—	2%	„
Ferblanc	caisse	„	—	—	1 et 1% *	„
Plomb anglais	50 kil.	escal	1½ %	—	1% *	fl. 4 p. % k.
Zinc	«	fl.	—	-	1 et 1% *	1%
ALAISONS. *Anchois*	anker	„	—	—	comptant	„
Harengs et *morue*	tonne	„	—	—	„	„
ELS bruts	houdert	livre	gros	—	1%	„
raffinés	50 kil.	fl.	—	—	„	„
UCRES bruts en sacs	½ «	den.	1 et 1%	10%	„	fl. 2½ 1000 k
b) Brésil en Cte, au-dessus de 504	«	„	„	18%	„	„
dito « au-dessous «	«	„	„	89 kil.	„	„
dito « « 252	«	„	„	44 „	„	„
dito « « 126	«	„	„	23 „	„	„
c) Havanne « au dessus de 225	«	„	„	18%	„	„
dito « au-dessous «	«	„	„	40 kil.	„	„
dito « « 113	«	„	„	20 „	„	„
dito « « 56	«	„	„	10 „	„	„
Java en canastres	«	„	„	12%	„	„
Surinam, Demerari et Essequebo	«	„	„	18%	„	„
de toute espèce en futs.	«	„	„	13%	„	„
d) raffinés, candis en caisse	ancien lb	„	—	nette	2%	4 s. p. cais.
dito mélis			—	„	3 mois	6 s. p. % kil.
pilé et en poudres			—	„	2½	„
Syrop	100 kil.	fl.	—	„	„	6 s. p. barr
ABACS fab. en pays en rouleaux	½ kil.	S.	3%	nette	1%	1/16 s p. ½ k.
dito du Brésil en id.	«	„	„	3 k. p. sur.	„	„
dit. Orenoque et Portor.	«	„	5%	nette	„	„
dit. Varinas	«	„	4%	„	„	„
ABACS en feuilles.	—	—	—	—	—	—
d'Alsace, d'Amersfort, de Condé, de Grammont, de Grez, de Warwick (en pan.)	50 kil.	fl.	2%	15 k. 8% côt	„	„
du Brésil	½ kil.	S.	3%	8% côtes	„	„
c) des États-Unis, Virginie	«	„	„	N. et 8% „	„	„

ROTTERDAM — (Suite.)

	Par	En	Bon pds.	Tare	Escompt.	Courtag
f) TABACS en feuilles. Maryland	½ kil.	S.	3 %	n. et 8 % côt.	1 %	1/16 s. p. ½ k
du Palatinat en paniers	50 kil.	fl.	„	15 k. et id.	„	„
de Havanne . . .	½ kil.	S.	„	net. et id.	„	„
de St Domingue. Sarato	«	„	„	4 % et id.	„	„
de Salonique, d'Ukraine	«	„	„	„	„	„
TABACS en côtes de Virginie	50 kil.	fl.	„	nette	„	3 s. p. 50 k
TEINTURES.	—	—	—	—	—	—
Alizari en balles . .	50 «	„	1½ %	1½ k. p. bal	„	6 s. p. ball
Alun d'Angleterre . .	«	escal	1½ et 1 %	10 % ou net	„	fl. 1 p. ba
dit de Rome . . .	«	„	„	nette	„	½ %
dit de Liège . . .	«	„	„	„	„	12 s. p. ba
Azur en barils . . .	«	fl.	1½ %	18-20 k. p. ½ 12 k. p. ¼ 6 „ p. ⅛	„ „ „	fl. 1 „
Borax brut et raffiné .	½ kil.	S.	„	nette	2 et 1 %	1 %
Céruse	50 «	fl.	„	„	2 %	2 s. p. % ki
Cochenille (et 4 % augment.)	½ «	escal	1½ %	3 à 4 k.	1 %	½ s. p. L. d.
Coupcrose d'Angleterre .	«	S.	„	10 %	2 %	10 s. p. ba
Curcuma	50 kil.	fl.	1½ et 1 %	3 k. p. sac	1 %	½ %
Cudbear	½ «	S.	1½ %	nette	„	1 %
Garance dit. du pays, grappe	50 kil.	fl.	„	„	„	30 s. p. fu
dit. dito commun.	«	„	„	„	„	20 „
dit. dito Mulles	«	„	„	„	„	15 „
Indigos en caisses . .	½ kil.	S.	1 %	„	2 et 1 %	½ s. p. L. d
dito en surons de 40-54½	«	„	„	kil. 10	„	„
dito dito de 55-74½	«	„	„	„ 13	„	„
dito dito de 75 et pl.	«	„	„	„ 15	„	„
Minium	50 kil.	fl.	1¼ %	4 %	1 %	10 s. p.
Noix de Galles en futs .	«	„	„	nette	„	½ %
dito en sacs .	«	„	„	6 kil.	„	„
Ocres en masse . . .	barrique.	„	—	bar. et sac	„	6 s. p. ba
Orseille en futs . .	50 kil.	„	1 1/20 et 1 %	20 %	„	1 %
dito en sacs . .	„	„	„	4 %	„	„
Rocou	½ «	S.	„	„	„	½ %
Sumac en sacs . . .	50 «	escal	„	4 % et 2 k.	„	3 s. p. sa
Tournesol « . . .	«	fl.	2 %	6 kil.	2 %	½ %
Vert de gris . . .	½ kil.	S.	1½ %	—	1 %	3 s. p. pai
g) THÉS	«	„	2 k. tacite	nette	„	1 %

Suite. —

ROTTERDAM — (Fin.)

OBSERVATIONS GÉNÉRALES.

a) Sur les Cantharides on accorde 3 à 4% en sus pour poussière.

b)
c) Les Moscovades du Brésil et de la Havanne se vendent avec un rabais de 10½ %, ou à 18 mois de terme.

d) Sur les sucres en pains on accorde 3% pour papier et ficelles; les futs se payent en sus de fl. 7 à 11, suivant grosseur.

e) Sur le tabac de Virginie on accorde 4½ à 5% en sus pour refaction.

f) dito de Maryland „ 2 à 4% idem

g) Les thés se vendent ordinairement d'après une cédule de livraison. La tare se fait sur 1 ou 2 caisses d'une partie d'environ 10 caisses, et sur 10 à 12 caisses d'une partie d'environ 100 caisses, et ainsi progressivement. Cette tare partielle sert de base pour le restant.

Les articles marqués d'une * dans la colonne de l'escompte se vendent au comptant ans terme. Sur tous les autres on accorde 3 mois en sus de l'escompte.

MONNOIES, POIDS ET MESURES.

Tous les articles se vendent en argent courant c. a. d. par.

1 Livre de gros = 6 Florins = 20 Escalins = 120 (S) Sols = 240 Deniers de gros = 1920 Deniers courants.

Le nouveau poids est égal à celui de France; l'ancien poids, auquel on vend encore les sucres raffinés, correspond à 202½ ℔ par 100 kilog.

Le Stoop est égal à 2,^{359} litres; 3 Stoops font 1 Velte, 72⅓ Veltes ou Viertels ont 1 Legger ou 14 Ankers, dont 4 font 1 aime.

Le last de grains est de 30 muids ou hectolitres de France.

L'Huile d'olive se vend en tonnes de 340 Stoops, qui pèsent à 5 ℔ poids leger, ℔ 1700 ou 796$\frac{74}{100}$ kilogrammes.

EXTRAIT DU TARIF DES DROITS DES PAYS-BAS.

	Par	*Entrée.*		*Sortie.*		*Transit.*	
Anis	100 kil.	fl 1	—	fl —	30	fl 1	—
Bois de Fernambouc	«	2	—	1	—	1	80
de St. Martin	«	—	40	—	20	—	40
de Campèche, Caliatour, Fustet	«	—	20	—	20	—	20
de brésilet, gaïac, sapan	«	—	10	—	10	—	10
de teinture moulu	«	pro-	hibé	—	50	pro-	hibé
d'ébèniste, d'acajou, buis etc.	«	2	°/o	2	°/o	1	°/o
Cacao	«	1	50	—	30	—	30
Café	«	2	—	—	50	1	—
Canelle de Ceylan	1 kil.	—	20	—	01	—	02
de Chine	100 kil.	4	—	1	—	1	80
Chanvre en masse	«	—	65	—	65	—	50
Cochenille	1 kil.	—	10	—	03	—	03
Coton	100 kil.	—	80	1	50	1	50
Couperose	«	—	30	—	10	—	20
Cuirs secs	«	1	—	1	—	1	—
salés	valeur	1	°/o	6	°/o	1	°/o
Curcuma moulu	100 kil.	1	50	—	30	1	50
non moulu	«	1	—	—	30	—	50
Dents d'éléphant	«	5	—	2	—	2	—
Épiceries, Macis, Muscades et Girofle							
directement de Batavia	a)	li-	bre	½	°/o	—	—
importés d'ailleurs	valeur	3	°/o	½	°/o	1	°/o
Fruits secs, Amandes	100 kil.	1	50	—	50	1	50
dito en coques	«	1	—	—	25	1	—
Figues	«	1	—	—	30	—	50
en Saumure	le baril	1	—	—	50	—	50
Prunes	«	—	30	—	15	—	25
Raisins de Corinthe	«	1	—	—	50	—	60
Garance en racine	100 kil.	1	50	—	40	1	—
sechée et broyée	100 lb	½	°/o	pro-	hibé	pro-	hibé
non robée et fine grappe	100 kil	6	—	1	—	2	—
commune	«	3	—	—	50	1	—
mule	«	1	50	—	25	—	50
Gomme	«	1	20	—	60	1	—
Goudron	13 ton.	1	—	—	60	1	—
Gingembre	100 kil.	—	60	—	40	—	60
Graine de trèfle	last	1	—	6	—	3	—
de Colza, navette et lin	«	2	—	10	—	6	—
Huile d'Olive	baril	1	—	—	50	—	80
d'Oeuillette	«	—	80	—	40	—	80
de poisson, pèche nationale	«	li-	bre	—	25	—	—
dito dit. étrang.	«	1	—	—	25	1	—
Indigo en caisses et surons	1 kil.	—	04	—	02	—	02
Jus de reglisse	100 kil.	1	—	—	50	1	—
Laine	valeur	li-	bre	1	°/o	1	°/o
Métaux, Cuivre rouge	100 kil.	—	60	—	60	—	60
dit. jaune	«	4	—	1	—	1	20
Fer en barres	«	4	25	—	05	—	20
Plomb brut en bloc	«	1	35	—	10	—	80
dit. laminé	«	2	35	—	10	1	20
Noix de galle	«	2	—	1	—	1	50
Orseille	«	1	—	—	40	1	—
Piment Jamaïque	«	1	—	—	50	—	60
d'Espagne	«	—	60	—	30	—	40

Extrait du Tarif des Droits des Pays-Bas.

	Par	Entrée.		Sortie.		Transit.	
Poivre	100 kil.	fl 1	50	fl —	50	fl 1	—
Potasse et Perlasse	«	—	80	—	40	—	50
Quercitron	valeur	1	°/₀	½	°/₀	1	°/₀
Quinquina rouge	100 kil.	2	—	1	—	2	—
jaune	«	1	—	—	50	1	—
Rhubarbe	«	5	—	2	50	5	—
Riz	«	—	30	—	20	—	30
Rocou	«	2	—	4	—	1	80
Safran	1 kil.	—	25	—	10	—	05
Safranum	100 kil.	1	50	1	50	1	50
Salpêtre brut	«	1	—	—	50	1	—
raffiné	«	1	50	—	20	1	50
Savon dur	«	6	—	—	50	1	—
Soufre brut	«	—	20	—	20	—	20
en canon	«	1	20	—	10	—	60
fleur	«	1	50	—	15	—	90
Sucre raffiné	«	36	—	—	20	2	—
brut et terré	«	1	20	1	50	1	50
id. par navire national	«	—	50	1	50	1	50
Sumac	«	—	20	—	10	—	20
Syrop par navire national	«	3	—	—	50	1	—
,, ,, étranger	«	pro-	hibé	—	—	pro-	hibé
Tabac Virginie	«	1	10	—	65	—	65
Maryland	«	1	25	—	80	—	80
Brésil	«	1	20	—	30	—	75
Portorico et Havanne	«	2	—	1	40	1	40
Varinas	«	11	—	3	60	5	—
Indigène en feuilles	«	—	—	—	10	—	—
en poudre et fabriqué	«	12	—	—	20	4	—
Thé b) Bohé et Congo gros	«	18	—	—	35	pro-	hibé
toute autre espèce	«	34	—	—	35		
Bohé et Congo, navire national	«	7	—	—	35		
toute autre espèce	«	12	—	—	35		
Vin en cercle	baril	—	10	1	—	1	—
en bouteilles de 116	100 B^s	5	—	—	50	1	50
Vitriol blanc	100 kil.	1	—	—	50	—	50
bleu	«	—	60	—	30	—	30
huile (de)	«	1	20	—	05	—	50

NB. Sur tous les droits ci-dessus il faut ajouter 15 °/₀ pour subvention.

DISPOSITIONS PARTICULIÈRES.

a) L'on ne jouit de la libre importation des épiceries venant directement de Batavia, que lorsqu'elles sont importés dans des barils ou des caises, pesant au moins 62 kil. nets et qu'elles sont accompagnées d'un certificat de sortie, délivré à Batavia.

b) L'on ne considère comme Thé Bohé ou Congo gros, que celui que l'on importe non mélangé, en caisses entières, sans y être empaqueté ou renfermé séparément en plus petites caisses ou enveloppes.

Tare pour la Perception des Droits.

Il est accordé pour toutes *futailles* en bois, sans distinction 15 %, et pour tous emballages en cuir, nattes, paniers, canastres, toiles et autres semblables 8 % du poids brut.

Sont exceptés de ce règlement les articles suivans:

INDIGO	en Caisses	25 %	et en surons 15 %.
SUCRES	du Brésil	20 %	en Caisses.
dito	de la Havanne	18 %	id.
dito	autres	15 %	en futailles.
dito	id.	10 %	en canastres.
dito	id.	8 %	en cuir, nattes, toiles etc.

THÉ en caisses ordinaires pesant 55 kil. et plus 18 %.
dito dito dito au-dessous de 55 kil. 25 %.

Il est libre aux déclarans qui ne se contenteroient pas de la tare règlée par le tarif, de payer d'après le poids net des marchandises, tel qu'il sera vérifié et constaté, à leurs frais, par les employés.

Pour le coulage de toutes marchandises liquides, qui n'étant pas passibles de l'accise, sont imposées à la mesure et ne rentrent pas dans la cathégorie de l'art. 122 de la Loi générale sur la perception des droits et des accises, il est accordé

6 % pour celles venant d'Angleterre, Brême, Hambourg et autres lieux voisins, ainsi que celles venant de France par rivières;

12 % pour celles venant de France par mer, ou d'autres pays par le Rhin et par le Waal;

14 % pour celles venant de tous autres lieux plus éloignés;

12 % pour l'huile de baleine, et

6 % pour le lard de baleine sans distinction des lieux, d'où cette graisse arrive.

Italie

GÊNES.

	Par	Tare	Bon p.
AMANDES	100 ℔	4%	—
BOIS de teinture	,,	—	116%
CACAO Maragnan en sacs	℔	2 ℔	106%
Caraque et autres	,,	4—5 ℔	,,
CAFÉ en sacs	,,	2—4 ℔	,,
CHANVRE en masse	cant°.	—	1%
COTON	,,	4%	—
GALLE	℔	,,	—
LAINE de Pouille	cant°.	14 rott.	—
MORUE et Stockfisch	,,	4%	—
POIVRE de la Compagnie en balles	℔	9 ℔	106%
SOIE écrue	,,	1 once	—
SUCRE brut en barriques et barils	℔ 100	13—14%	106%
terré en id.	,,	12%	,,
Havanne en caisses	,,	15%	,,
Brésil en id. longues	,,	20%	,,
Id. en id. courtes	,,	18%	,,
TABAC des États-Unis	cant°.	11%	,,
du Brésil en surons	,,	24—30 ℔	,,
du dit. en rouleaux	,,	18 ℔	,,

Les autres articles se vendent généralement tare nette avec un bon poids de 106 pour 100 ℔, à l'exception des Cuirs, Métaux, Savons, Soies et marchandises liquides, sur lesquelles on n'accorde pas le bon poids.

En sus de la tare et du bon poids, on déduit sur la plupart des marchandises 1 rott. par sac, sur celles en emballage, et 2—3 rott. sur celles en futs et caisses, pour cordes. On commence par déduire du poids brut les cordes, ensuite la tare, et en dernier lieu le bon poids de 6%. Les ventes se font de 4 — 6 mois de terme.

Les bleds se vendent par émine, qui fait $116\frac{3}{4}$ litres.
Le riz de Piémont ,, cantaro, rendu à bord
L'huile d'olive ,, baril, qui fait $64\frac{2}{3}$ litres et pèse ℔ $187\frac{1}{2}$ ou kil. $59\frac{1}{2}$ de France,
Le cantaro a 100 rotoli ou ℔ 150, dont ℔ 315 font 100 kilogrammes.

Les prix sont en livres à 20 sols, et le sol à 12 deniers; $5\frac{3}{4}$ livres font une piastre de change.

Tous les articles importés sont vendus en entrepôt. Les frais de vente y compris la commission et ducroire, se montent à environ 6%.

LIVOURNE.

	Par	En	Tare
ALIZARI de Smyrne en balles	℔ 100	piastre	℔ 12
de Chypre «	,,	,,	,, 15
de Tripoli «	,,	,,	,, 25
ALUN du Levant en futs	℔ 150	pouls	nette
du pays en caques	,,	p. effect.	℔ 40
ANIS de la Romagne en balles	℔ 100	l. ,,	rien
[illegible]EES	sac	dito	. . . .
BOIS de Fernambouc et campèche . .	℔ 1000	ducats	℔ 2 p. pes. ℔ 55
CACAO en balles et sacs	℔ 100	piastre	℔ 2 à 3
CAFÉ en balles et sacs	,,	,,	idem
en futs	,,	,,	net et ℔ 2·4 crd
Moka en fardeaux	,,	,,	6% et 2% paill
CANELLE de Ceylon id.	,,	ducats	℔ 12 et 1 ℔ crd
de Chine en caisse	,,	piastre	nette
CHANVRE	,,	livre	rien
CIRE jaune de Smyrne, Salonique, Vallachie et Amérique	,,	ducats	surt. 2% et dn. 3
de Mogador et Tetuan . .	,,	,,	,, 2% et dn. 6
de Tunis	,,	,,	,, 2% et dn. 2
(La tare des futs, cabas et balles se fait au net.)			
COCHENILLE en surons	℔	livre	℔ 2 p. sac intér
COTONS de Smyrne en balles	℔ 100	piastre	nette
de Salonique id.	,,	,,	℔ 26 ou condit
de Mako et Jumel	,,	,,	4%
du Brésil	,,	,,	{ idem
des États-Unis	,,	,,	{ ou condition
filés d'Aléxandrie en balles . .	,,	,,	4%
dit. de Smyrne en id. . .	,,	,,	℔ 40
dit. de dit. en ballots . .	,,	,,	℔ 6 à 10
dit. de Malte en id. . .	,,	,,	℔ 2½ %
CRÊME de tartre en futs	,,	,,	nette
CUIRS secs d'Amérique	pièce	,,	. . . .
de Russie	℔	sols	surtare 2%
EAU-DE-VIE	baril	piast. eff.	. . . .
GALLES en balles	℔ 100	piastre	rien
GINGEMBRE en sacs	,,	,,	dito
GIROFLES en futs et balles . . .	℔	livre	nette
GOMME arabique en caisses et cabas . .	℔ 100	piastre	8% ou nette
GOUDRON de Suède -	baril	,,	. . . .
GRAINES de Perse et du Levant en balles .	℔ 100	,,	nette
HUILE d'olive	℔ 88	liv. effect.	marquée
INDIGO en caisses	℔	livre	nette
en surons	,,	,,	℔ 40 et 1 ℔ crt
en pet. surons	,,	,,	℔ 20 à 30 ,, sans cord. l. sur
JUS de citron en futs	baril	liv. effect.	. . . .
de reglisse en caisses	℔ 100	piastre	2% p. feuilles
(La tare est marquée en rottoli, qui se réduisent de 33 à 36 onces p. R.)			
LAINES d'Espagne en balles	,,	ducats	10% et 9% surtare
d'Aléxandrie en id.	℔ 160	piastre	4% ou ℔ 44
de Tunis en id.	,,	,,	℔ 20 à 22
d'Alger, Chypre, Tripoli et Constantinople	,,	,,	℔ 20
de Salonique	,,	,,	,, 25
de Pouille	℔ 100	,,	rien
LIN d'Égypte en balles de ℔ 800 . .	,,	livre	℔ 50
de 1000 à 1500 . .	,,	,,	,, 80

Livourne — (Suite.)

	Par	En	Tare
LIN d'Égypte en balles de ℔ 1500 à 2000 .	℔ 100	livre	℔ 100
de Russie	„	„	4%
MACIS et muscades	„	„	nette
MÉTAUX, fer-blanc	100 feuil.	„	. . . .
fer du Nord	℔ 100	„	. . . .
Étain	„	ducats	. . . .
Plomb	℔ 1000	„	. . . .
NANKINS des Indes	pièce	liv. effect.	. . . .
PIMENT de Jamaïque en futs et sacs . .	℔ 100	piastre	nette
POISSONS, Morue de Terre-neuve, . .	℔ 160	pauls	se pès. en cercl.
Stockfische	„	piastre	
Harengs fumés	baril	„	2% p. vidange
Pilchards	„	„	
POIVRE anglais en double emballage et cordes	℔ 100	ducats	℔ 10 à 11
hollandais en balles sans cordes .	„	„	16 ℔, av. crd. 18
de Goa en sacs	„	„	℔ 2 à 3
(Sur le poivre hollandais, on accorde quelquefois ℔ 20 p. tare, corde et courtoisie.)			
POIX du Nord en barils	„	pauls	12%
POTASSE de Toscane en futs	„	liv. effect.	10% et ℔ 4-6 crd.
QUINQUINA en pet. surons	℔	livre	℔ 12
en gr. dit.	„	„	conditionnelle
RAISINS de Smyrne et Corinthe . . .	℔ 100	pauls	18-20% et 2-4 crd
RIZ Caroline en futs	„	liv. effect.	nette
du Piémont en sacs	„	„	rien
RHUM	gallon	„	. . . .
SAFRANUM en balles	℔ 100	piastre	4% et 6 ℔ sur tare
SOUFRE brut	℔ 1000	„	nette
raffiné en caisses	℔ 100	liv. effect.	℔ 18
SUCRE Havanne en id.	℔ 151	piastre	14%
Brésil id. longues . . .	„	„	18 à 20%
Id. id. courtes . . .	„	„	14%
Id. Moscovades . . .	„	„	16%
Antilles en barriques	„	„	12%
de Veracruz en balles	„	„	℔ 18
de Batavie en canastres . . .	„	„	14%
d'Alexandrie en cabas	„	„	6%
raffiné en futs	℔ 100	„	12%, 4% pp. et crd
NB. La tare des tierçons, quarts et barils, est conditionnelle.)			
SUMAC de Sicile en sacs	„	livre	rien
TABAC du Brésil en rouleaux	„	piastre	℔ 20 et 29% surt.
de Virginie en bouc.	„	„	10% et 2% „
TARTRE du pays	„	liv. effect.	nette
THÉ en quart de caisse	℔	livre	„
VINS de la Corse	pipe	piast. eff.	. . . .

Suite. —

LIVOURNE — (Fin.)

OBSERVATIONS GÉNÉRALES.

Escompte. Tous les articles ont un escompte de 3 $\frac{0}{0}$, à l'exception de ceux qui se vendent en monnoie effective; p. E. l'alun du pays, anis, bleds, eau-de-vie et rhum huile, jus de citron, nankin, potasse, riz, safran, soufre raffiné, tartre du pays e vin de Corse. Cependant l'alun du pays et les harengs fumés jouissent d'un escompte extraordinaire de 2 $\frac{0}{0}$.

Bon poids. Il y a un bon poids de 2 $\frac{0}{0}$ sur le poids brut de toutes les marchandises, hors les suivantes: Cochenille, épicerie fine, huile et safran. On accorde ensuite sur la plupart des marchandises, qui se vendent par ℔ 100 et au-dessus, une bonification de 2 ℔ pour cordes, par colis, et environ ½ $\frac{0}{0}$ de courtoisie.

Les articles dont l'emballage est considéré comme marchandise, sont: Anis, chanvre, galles, gingembre en sacs, laine de Pouille, riz du Piémont, sumac de Sicile amandes, écorces d'oranges, cendres de soude etc. etc.

Les différentes déductions pour bon poids, cordes, tare et courtoisie, se font ainsi

Par Ex sur 1000 ℔ bruts de coton.
Bon pds. 2 $\frac{0}{0}$ 20 « 980.
Cordes « 2. ℔ 978.
Tare 4 $\frac{0}{0}$ « « 39. ℔ 939.
Courtoisie « « « 5. ℔ 934 nets.

Droit d'entrée. Toutes les marchandises payent en entrant à Livourne 1½ $\frac{0}{0}$, mai on paye aucun droit à leur sortie. En sus de ce droit, elles payent un autre, di de lazareth, d'environ 1 $\frac{0}{0}$, c'est-à-dire qu'un colis quelconque est estimé valoir tan de ducats, et qu'autant de fois qu'il y a 100 ducats dans le prix estimé, on paye ducat

Il y a encore un droit de vente, dont la quotité est reglée suivant la nature e la qualité des marchandises.

Les prix se fixent ou en monnoie longue ou effective, et s'entendent tous en valeur d'argent.

Les changes se réglent en or; l'agio entre ces deux espèces est de 7 $\frac{0}{0}$, c'est-à-dir que 107 piastres d'argent font 100 piastres d'or. Ainsi lorsqu'un compte d'achat s monte à 749 piastres d'argent, il se trouve réduit à 700 piastres d'or, monnoie d change.

MONNOIES. Le ducat vaut 1⅐ pistres ou 7 livres.
La piastre se compose de
5¾ livres monnoie effective ou 6 livres monnoie longue.
8⅝ pauls id. 9 pauls id.
115 sols id. 120 sols. id.

MESURES. Le sac (mesure de grains) équivaut à environ 71 litres de France 44½ sacs font 1 last d'Hambourg, et 39 sacs égalent 10 quarters anglais.
La pipe est de 9½ barils. Le baril fait 41¾ litres. Le baril d'huile de ℔ 88 contient 16 flacons; 4½ barils font 1 aime d'Amsterdam.

POIDS. 100 ℔ font 34,24 kilogr.

Le Courtage est presque généralement de ½ $\frac{0}{0}$.

NB. Les tares indiquées ci-haut sont sujettes à varier; cela dépend de la plus o moins forte grosseur de la toile, ou de la qualité du bois des futs et caisses. Ain lorsque la marchandise se trouve dans un emballage inusité, l'on peut exiger tare nette

NAPLES.

	Par	Don	Tare
ALUN	Cant°	. . .	10 °/o
CACAO Caraque	℔	. . .	10 °/o
Maragnon	«	. . .	4 °/o
en futs	«	5 °/o grab.	nette
CAFÉ en futs	Cant°	. . .	«
en balles	«	. . .	4 à 5 rott.
en sacs	«	. . .	2 à 3 «
CANELLE fine en double fardeau	℔	. . .	25 ℔
id. en simple id.	«	. . .	18 «
COTONS de Castellamare	Cant°	. . .	7 rott.
INDICO en suron	℔	. . .	32 ℔
en caisse	«	. . .	nette
LAINE	Cant°	. . .	12 ℔
POIVRE lourd en balles	«	. . .	5 rott.
leger en sacs	«	. . .	2 à 3 «
SUCRES terrés en futs	«	. . .	12 °/o
têtes dito	«	. . .	14 °/o
bruts dito	«	. . .	16 °/o
Havanne en caisse	«	. . .	14 °/o
Brésil en gr. caisse	«	. . .	20 °/o
id. en pet. dito	«	. . .	18 °/o
de l'Inde en sacs en 2 emball. . .	«	. . .	6 rott.
id. id. en 3 id. . .	«	. . .	8 «
raffiné en pains	«	5 °/o pr ppr et crd	nette

On fait Tare nette sur tous les articles non spécifiés ci-dessus.

Les prix sont cottés en Ducats à 100 grains.

Le Cantaro à 100 rottoli, et le rotol $2\frac{7}{9}$ ℔.

100 dit. font $89\frac{1}{10}$ kilogrammes.

La Salme (mesure d'huile) est de 16 Stares et pèse $165\frac{1}{3}$ rottoli.

Le Caro (mesure des grains) a 36 tomoli, qui correspondent de $18\frac{1}{2}$ à 19 hectolitres.

Suite —

NAPLES (Fin.)

Extrait d'une loi du 29 Décembre 1823 sur les Douanes.

L'expérience ayant appris que la faculté de pouvoir réexporter du port franc de Naples sert de prétexte à la contrebande, et considérant que les importations dans ce port franc ne devroient jamais excéder les besoins de la consommation, le Roi a ordonné: « 1° Que la franchise de réexporter à l'étranger les marchandises une fois déposées à la douane de Naples, est supprimée. 2° Au lieu de la franchise (scala franca), il y aura un lieu de dépôt pour toutes les marchandises provenant de l'étranger dans le port de Naples et dans l'île et port de Nisita, et les capitaines des navires déclareront que leurs cargaisons sont destinées pour le dépôt de la grande douane de Naples; tous les articles défendus à l'importation, ne seront pas reçus dans ledit dépôt, comme armes, coton filé à la main, etc. etc. 3° Les transits par la douane de Naples, pour Fondi et Manfredonia, sont conservés. 4° Pour les marchandises au grand dépôt, elles pourront y rester deux années à commencer du premier Janvier postérieur à la date du dépôt. 5° A la fin de la première année de dépôt, on payera la moitié des droits, et à la fin de la seconde année, la moitié restante; passé cette époque, les marchandises ne pourront plus être réexportées; 6° Les payemens des droits s'effectueront en traites, à six mois de date. 7° Les marchandises déposées pourront passer en tout tems à la consommation, en acquittant les droits.

En cas de déclaration faite au-dessous de la valeur, les préposés pourront retenir pour leur propre compte les objets déposés, en y ajoutant 10% au-dessus de la valeur déclarée.

Toutes les marchandises existant maintenant en douane, continueront à jouir de l'ancien privilège de la franchise.

Tous les produits de nature végétale, animale et minérale du royaume en-deça du Phare, sont déclarés exempts, à l'exportation, de tous droits de douane.

TRIESTE.

	Par	Tare.
ALIZARI de Smyrne et Chypre	Quintal.	4%
de Tripoli en balles	«	16 ℔
ANTIMOINE d'Hongrie en barils . . .	«	50 «
CAPRES de la Pouille	«	12%
CAVIAR	«	11%
CHANVRE	«	[illegible]
CIRE jaune du Levant, 2% surtare . . .	«	nette
COLOPHONE	«	10%
COTONS du Lévant, des Indes et des États-Unis .	«	4%
du Brésil	«	2%
filé blanc de Smyrne	«	4%
dito de Malte	«	2%
IGUES de Smyrne en caisses	«	6%
autres en barils	«	10%
US de Citron	«	12%
AINE	«	4%
IEL	«	10%
POIVRE lourd de la Compe en balles . .	«	4 ℔
leger en sacs simples	«	2 «
POTASSE d'Hongrie	«	10%
RAISINS de Smyrne et de Corinthe . . .	«	10%
de Sultane	«	6%
OUFRE en canon et en fleur	«	10%
UCRE de la Havanne en caisse	«	50 ℔
de Pernambouc en gr. caisse . . .	«	270 «
dit. en pet. id. . . .	«	240 «
de Bahia en court. id. . . .	«	216 «
Moscavades en caisse de 5 à 600 ℔ .	«	136 «
id. id. de 3 à 500 « .	«	109 «
terré des Antilles en bariques . . .	«	12%
id. id. en tierçons et quarts .	«	16%
brut id. en bariques . . .	«	14%
id. id. en ½ et ¼ . . .	«	18%
de Chine, Manille et Bourbon . . .	«	10%
des Indes orientales	«	5%
ABAC des États-Unis	«	14%
commun du pays	«	4%
d'Hongrie en feuilles	«	14 ℔
de Carada	«	2%

Tous les autres articles qui ne sont pas spécifiés ci-dessus, comme: Cacao, Café, Canelle, Cochenille, Cuirs, Curcuma, Galles, Gingembre, Girofle, Gommes, Graine de Perse et de Trèfle, Huile d'olive, Indigo, Mélasse, Muscades, Piment, Quercitron, Quinquina, Riz, Rocou, Safranum, Suc de réglisse, Sucre raffiné, Suif, The etc. sont *tarés au Net*, et se vendent également par quintal, exceptés les épiceries et teintures fines.

Les marchandises ne payent point de droit de douane à leur entrée.

Les Grains se vendent par stajo ou boisseau, qui correspond à environ 74 litres de Fce.

Les Huiles de poisson,	pêche anglaise, en barils de ℔ 220	poids brut
dito	d'Hambourg, 3 couronnes, en barils de ℔ 300	sans tare.

Toutes les marchandises se vendent généralement soit contre des traites à 3 mois de date sur Vienne, soit à 2 mois de date sur Augsburg, et en florins courants à 60 kreutzer, ou *Comptant* avec un escompte de 1½ à 2%.

Le Poids de commerce est égal à celui de Vienne, dont 100 ℔ font 55, 79 kil.

Le Courtage de Vente est de 1%.

Portugal.

LISBONNE.

	Par	Tare	Droits.
ALUN d'Angleterre	arrobe	nette	120 R. p. ar.
ANIS étoilé	℔	«	5720 R.
BOIS de Fernambouc	quintal	. . . .	«
BRAI et goudron	baril	. . . .	550 p. bar.
CACAO en sacs	arrobe	1 ℔	5720 R.
CAFÉ id.	«	1 «	«
CANELLE de Chine	℔	nette	«
CHANVRE.	160 ℔	. . . .	745 R p. 160 ℔
CIRE jaune	℔	nette	60 R.
CORDAGES	quintal	. . . .	1800 «
COTON du Brésil	℔	2 ℔	5720 «
CUIRS	«	. . . .	«
CURCUMA.	arrobe	1 à 2 ℔	«
EAU DE VIE	almud	. . . .	à bord
EPICERIES.			
Canelle de Ceylan	—	—	215 R. p. ℔
Girofle	℔	«	5720 R.
Gingembre	«	1 ℔	«
Piment	«	«	«
Poivre	«	1 à $1\frac{1}{2}$ ℔	«
Safran d'Espagne	«	nette	630 p. ℔
FARINE	baril	. . . .	à bord
FRUITS. Amandes cassées	arrobe	nette	«
id. en coques	alq. de 13 ℔	. . . .	«
Figues seches	arrobe	nette	«
Raisins secs d'Espagne	caisse	. . . .	295 R p. ar.
Oranges et Citrons	«	. . .	à bord
FROMAGES d'Hollande de $3\frac{1}{2}$ ℔	pièce	. . . .	30 R. p. 100
dito d'Angleterre	℔	. . . .	15 «
GOMME	«	nette	8 R. p. ℔
GRAINS toutes espèces	alquier	. . . .	à bord
HUILE d'olive en arg. effectif	l'almud	. . . .	«
de baleine	«	. . . .	180 p. alm.
INDIGO de Bengale	℔	nette	5720 R.
du Brésil	«	«	«
IPECACUANHA.	«	«	«
LAINE lavée d'Elvas, Olivença etc.	«	«	175 p. ar.
MORUE	quintal	«	
MELASSE du Brésil	B. d. 8-9 al.	. . . .	à bord
NANKINS	pièce	. . . .	5720 R.
PAPIER d'Hollande	rame	. . . .	3490 p. rame
de France	«	. . . .	100 «

Lisbonne — (Fin.)

	Par	Tare	Droits.
PEAUX de lièvre de Russie	pièce	. . . .	15⅔
RHUBARBE	℔	nette	5720
RIZ du Brésil	quintal	1 ℔	160 p. Q.
ROCOU	℔	nette	5720
SALSEPAREILLE	arrobe	«	«
SEL de Setuval et Lisbonne	muid ou	mojo	à bord
SUCRE du Brésil blanc	arrobe	nette	150 R. p. ar.
id. Moscov.	«	et 16 ℔ b. p	100 « «
SUIF du Brésil brut	«	nette	à bord
de Russie en chandelles	℔	«	20 R. p. ℔
SUMAC de Faro.	arrobe	1 ℔	à bord
THÉ	℔	nette	5720 R.
TABAC du Brésil en feuilles	arrobe	«	240 p. ar.
en rouleaux	«	«	« «
VINS	almud	. . . .	à bord

Le droit de 5720 Rés se paye sur chaque connoissement d'importation que la partie soit grande ou petite; p. e une partie de 200 sacs, importés dans un seul connoissement, ne paye que 5720 Rés; mais si 200 sacs proviennent de la réunion de plusieurs petites parties, on paye autant de fois 5720 Rés, qu'il y a de connoissements; ainsi 3 ou 4 sacs payent autant que 300 ou 400 sacs, qui n'auraient qu'un connoissement.

OBSERVATIONS GÉNÉRALES.

Le prix des marchandises est stipulé en Rés, lesquels vû la multplicité des chiffres dans les comptes, sont divisés par les marques distinctives de : pour les millions et $ pour les milliers.

Le quintal est de 4 arrobes à 32 livres, soit ℔ 128, qui correspondent à 45⅘ kilog.

Le Moyo (mesure de grain) est de 15 fanegues, 60 alqueires, 240 quartos, l'alqueire est égale à 13½ litres.

Le Moyo pour les sels vendus à Lisbonne équivant a environ 8 décalitres.

Les Vins et Huiles se vendent par Tonnelade à 2 pipes ou bottes, 52 Almudes, 104 Alqueires ou Potas, 624 Canhados, 100 Almudes égalent à environ 16⅗ hectolitres ou 437 gallons anglais.

Pour l'affretement on compte la tonnelade pour 52 almudes de marchandises liquides, ou 54 almudes de marchandises seches. Le last est compté suivant la nature des marchandises; p. e. 4 caisses de sucre, 4 pipes d'huile, ℔ 4000 de tabac, ℔ 3500 de sumac. Souvent on stipule aussi le fret, par caisse de sucre d'environ 50 arrobes, par arrobe de coton ou laine, par cuir, par sac de café ou de cacao; par caisse de citrons ou d'oranges, par cabas de figues, par sac d'amandes.

Les *ventes* de gré-à-gré sont de 2 à 6 mois de terme; les rentrées sont pour l'ordinaire lentes et incertaines, et quand on traite avec les boutiques, il faut se contenter d'acomptes qu'on fait recevoir de 8 en 8 jours.

Dans les ventes publiques il est toujours sousentendu que l'acheteur a 30 jours pour recevoir, et qu'il doit payer du 30e au 40e jour le montant de l'achat.

Russie

St. PETERSBOURG.

ARTICLES D'IMPORTATION.	Par	Tare	Droits.	
AMANDES en futs	Poud	10%	R^s 1	50
BOIS de teinture rouge et jaune	berkow.	....	1	—
de Campêche	«	....	1	—
CACAO en sacs 2% et en futs	Poud	10%	4	50
CAFÉ en futs	«	10%	5	—
en sacs	«	2%	5	—
COCHENILLE	«	1-2 lb p.s.	7	50
COTON en laine	«	15%	—	50
GOMME en futs	«	10%	—	25
HUILE d'olive	«	17%	—	75
INDIGO en caisses 20% et en surons	«	20-34 lb	2	50
POIVRE en balles	«	4%	3	—
PRUNES	«	10%	—	60
ROCOU	«	17%	—	50
RAISINS de Malaga	caisse	....	—	60
de Smyrne	Poud	10%	—	60
RIZ Caroline	«	10%	—	40
autres en sacs	«	2%	—	40
SAFRAN	«	nette	20	—
RUM (de 5 veltes)	ancre	....	25	%
SUCRE d'Havanne et Brésil	Poud	10%	2	50
brut en futs	«	«	2	50
raffiné	«	10-12%	pro-	hibé
VINS de Bordeaux	barique	....	30	—
du Portugal et d'Espagne	pipe	....	par Ox-	hofft
de Champagne	bout.	....	—	40

Note. Les Tares indiquées ci-dessus, sont celles établies pour la perception des droits; car dans le commerce les ventes se font presque généralement au Net.

ARTICLES D'EXPORTATION.	Par	Tare	Droits.	
CHANVRE	bercow	....	R^s 1	10
CHANDELLES	Poud	nette	—	5
CIRE jaune	«	«	—	55
COLLE de poisson	«	«	1	25
CRINS de cheval	«	«	—	7½
CUIVRE	«	....	13	p. BK.
FROMENT	tschetw	....	—	16½
FERS	Poud	....	10	p. BK.
GRAINE de lin à battre	tschetw	....	—	27½
HUILE de chanvre et de lin	Poud	17%	—	6
LIN	bercow	....	1	65
PEAUX de lièvre	millier	....		
POTASSE	Poud	nette	1	37½
RHUBARBE	«	«	—	—
SOIE de porc	«	«	—	14½
SUIF	«	10%	2	20
TABAC en feuilles	«	«		
TOILE à voiles			—	30
Raventouk	pièce d.50	—	—	15
Flamande	archines	—	—	20

St. PETERSBOURG — (Fin.)

OBSERVATIONS GÉNÉRALES.

Les productions russes s'achètent au comptant ou par contrats au mois de Janvier, pour n'être livrées qu'à l'ouverture de la navigation. Les conditions du contrat sont de payer un ⅓ au moment du marché, un ⅓ au mois de Mars, et le dernier ⅓ à la livraison.

Les frais jusqu'à bord se montent à environ 6 à 7%, non compris les droits de sortie.

Quoique le tarif fixe les droits en argent, ils sont perçus néanmoins en assignations de banque, à un taux qui est déterminé par le gouvernement au commencement de chaque année; depuis plusieurs années le rouble d'argent est évalué à la douane à 360 copecks, assignation de banque.

Tout connoissement doit énoncer le nom du consignataire, le port du chargement, la destination, l'espèce de marchandise et le contenu de tous les colis; la même espèce de marchandise peut être désignée en masse. Le poids brut ou net. Les liquides doivent être désignés par le nombre d'oxhoffts ou d'ancers. Les vins en bouteilles doivent désigner le nombre des bouteilles, contenues dans chaque caisse.

Toute irrégularité commise dans le connaissement entraîne une augmentation du double des droits.

Cette augmentation a lieu, si dans un connoissement où le poids des marchandises est indiqué, on omet même de désigner, si le poids est brut ou net.

Les ratures, changements ou additions aux connoissemens ne sont pas soufferts.

La déclaration des marchandises aux douanes doit être présentée dans l'espace de 15 jours, à compter de la date de celle faite par le Capitaine, à son arrivée; au bout de ce terme il y aura également lieu à une augmentation du double.

MONNOIES, POIDS ET MESURES.

Le prix des marchandises est en Roubles. Le Rouble se divise en 100 Copéks.

Le Berkowetz est de 10 pouds, le poud 40 Livres (℔), égal à $16\frac{3}{4}$ kil.

Le Tschetwert est la mesure de capacité pour les grains; $54\frac{1}{4}$ Tschetwerts égalent 100 hectolitres.

L'Archine est la mesure de longueur, elle se divise en 16 Verschoks; 164 Archines font 100 aunes de France.

Suisse

BASLE.

A l'exception des articles suivans on fait *Tare nette* sur toutes les marchandises:

COTONS	Brésil en toile	4%
	Louisiane avec cordes . .	5%
	Georgie et Caroline id. . .	
	Georgie sans cordes . .	4%
	Jumel id. . .	
	des gr. Indes	6% ou conditionelle.
QUERCITRON	en boucauds . .	10 à 12%.
ROCOU	en futs	20%.
SUCRE	Havanne en caisses . . .	12% ou nette.

Tous les articles se vendent par quintal de 100 livres, et en florins de 60 creutzer, le Louisd'or à 10 florins, excepté l'alun, les amandes, la colle de poisson, la cochenille, les cotons, l'eau de vie, l'étain, la garance, la gaude, les graines de trèfle et de Luzerne, la graine jaune, les huiles, l'indigo, le quercitron, les raisins secs et le safran, qui sont cottés en Livres tournois.

Les Ventes se font habituellement *au comptant*, mais on s'écarte souvent de cette règle, en accordan 2 à 6 *mois de Terme*.

Toutes les marchandises payent à leur entrée en Suisse un impôt de 1 à 2 batz le quintal brut, et celles qui sont vendues à Basle pour compte étranger, payent au gouvernement un droit de vente de ½ %, et lorsque la valeur est au-dessous de 1600 Livres Suisse 1%.

Le Courtage de ½ % est payable par les deux parties.

MONNOIES, POIDS ET MESURES.

Toutes les marchandises se payent en *Argent de Change*, dont voici le Tarif:

Au pair, les pièces d'or Suisses de 16 Livres et 32 Livr.
les écus-neufs id. de 4 id.
les demi-écus id. de 2 id.

(*Nota*, Les écus-neufs du canton de Lucerne ne sont pas admis pour argent de change, ni ceux du canton de Zurich, d'une autre année que celle de 1813.)

Au pair	Les pièces d'or de France de	fr. 40	valent	Livr.	27	--	rps.	S^tes.
	id. id.	id.	«	20	« «	13 50	«	«
	id. d'argent	id.	«	5	« «	3 37½	«	«
	les écus-neufs	id.	Liv.	6	« «	3 90	«	«
	les écus de Brabant		«		« «	3 85	«	«
	les demi-écus	id.	«		« «	1 92½	«	«

Le Louisd'or à 10 florins fait 16 Livr. de Suisse Les livres tournois se réduisent par 81 Livr. = fr. 80 de France, dont 40 = 27 livres de Suisse.

Le quintal de 100 ℔ est égal à 48. 95. Kilogr. de France.

Le sac de grains contient 4 grands et 8 petits setiers, et correspond à environ 129 litres de France.

Les Vins se vendent par Saum de 3 Ohm (Aime); 1 Ohm fait 32 pots, ancienne mesure, et 40 pots, nouvelle mesure, et correspond à 50 litres de France.

GIBRALTAR en Espagne (*pr Supplément*).

ARTICLES sur lesquels la Tare est fixe.		
* ACIER de Trieste en caisses	7°	
CANNELLE en fardeaux	7 ℔	ou ℔21 en dbl.emb.
* COTON du Levant	5°	
* dito en emballage régulier . . .	4°	
INDICO Caraque en suron . . .	14 ℔	
Guatim. id. . . .	18 ℔	
* RIZ Caroline en barils	10°	
* SOUDE d'Alicante en simple emballage .	7 ℔	
en double dito .	12 ℔	
* SUCRE blanc des Antilles en futs . .	10°	
Havanne en caisses . . . . . tare .	marquée	et 4° augment.
(si tare est effacée) . .	56 ℔	
Brésil en caisses . . . . . . tare .	marquée	
Moscovades	12°	
* TABACS en Boucauds	10°	
THÉS de la Comp. angl. des fins . .	18 ℔	
dit. des communs .	20°	

importés par les Américains, poids de la douane, marque noire.

ARTICLES sur lesquels on n'acorde pas de Tare, lorsqu'ils sont en sacs simples et réguliers.

* Amandes, * Cacao, * Café, * Poivre importé par les Américains, * Riz des Indes, Sumac, * Tabac du Brésil en rouleaux.

ARTICLES sur lesquels on accorde Tare nette.

* Alun, * Cacao et Café en futs, * Beurre et Lard en barils, Cassia lignea, Cochenille, * Cire, Drogueries, * Fromage anglais et hollandais, Girofle, Indigo des Indes orientales en caisses, Muscades, * Soufre brut, * Sucres des Indes orientales, * Tabac de Cuba et dit tête de nègre.

MONNOIES, POIDS ET MESURES.

Les prix sont en piastres à 12 réaux, et le réal à 16 quartos.

Les remboursemens sur l'Angleterre et la France se font à 90 jours de date.

Les piastres d'Espagne à colonnes valent plus ou moins $4\frac{1}{2}$ ° de prime.

Les articles marqués d'une * se vendent par quintal et les autres par ℔.

Les marchandises se pèsent au poids anglais, à l'exception des Amandes, qui se vendent au quintal espagnol, dont ℔ 100 font ℔ $101\frac{3}{4}$ anglaises, et le Sumac, qui se vend par sac.

L'Huile d'olive se vend par arrobe, qui pèse ℔ 26 anglaises, et rend $3\frac{1}{3}$ gallons. L'Huile de poisson se vend par gallon.

Les grains se vendent par fanègue, dont 5 font 8 bushels de Winchester.

Supplément et redressem. du Tarif d. Tares et Usages de Paris,

d'après le nouveau règlement, publié le 9 Décembre 1824.

RÈGLES GÉNÉRALES.

Art. 1. Le prix courant de la place de Paris sera à l'avenir basé sur les conditions de tares, bonifications et escomptes, qui ont été arrêtées par MM. les courtiers de commerce et approuvées par l'autorité.

Art. 2. Si les négocians convenaient entre eux de s'écarter de ces conditions, le prix auquel ils auraient traité ne serait coté et compris dans le cours légal que sous les réductions et avec les calculs nécessaires pour établir ce prix, comme si les usages réguliers avaient été suivis.

Art. 3. Dans ce calcul le terme que l'on pourra accorder sera réduit en escompte à raison de demi pour cent par mois, en négligeant les fractions de terme au-dessous d'un demi mois.

Art. 4. Tout arrêté ou marché passé par un courtier de commerce qui ne spécifiera pas d'une manière positive, les conditions particulières qui pourroient être convenues entre le vendeur et l'acheteur, sera censé fait aux conditions d'escompte, tare et usages portées au tableau et les parties seront tenues de s'y conformer.

Art. 5. Si un marché est conclu avec la faculté de reconnaître la marchandise, l'acheteur devra, sauf clause contraire, procéder à cette reconnoissance, au plus tard dans le jour non férié qui suivra celui, où l'affaire aura été conclue; ce délai expiré la marchandise sera reputée, reconnue et agréée et l'acheteur sera tenu de prendre livraison aux conditions du marché.

Art. 6. S'il n'est autrement convenu, l'acheteur devra prendre livraison dans les trois jours non fériés qui suivront celui où la marchandise a été agréée.

Art. 7. Le payement au comptant est exigible par le vendeur, dès que la livraison est complétée, c. a d. la marchandise vérifiée et pèsée ou mesurée contradictoirement et mise à la disposition de l'acheteur.

Art. 8. Toute marchandise vendue sous une tare d'usage doit être livrée en emballage d'origine et naturel. La différence de tare ou de valeur de la marchandise qui résulterait d'un emballage dénaturé ou surchargé, sera règlée conventionnellement, ou à défaut par des arbitres.

Art. 9. S'il n'est autrement stipulé dans le tableau, la moindre fraction de chaque pesée de marchandise est le demi kilogr. Dans les livraisons de marchandises vendues à la *tare nette*, cette tare sera constatée par la pesée exacte.

ESCOMPTES. A l'excéption des articles spécifiés ci-après, toutes les marchandises jouissent d'un escompte de 3%.

Articles avec	1%	*d'escompte :*	Huile de navette, rabette, colzat, cameline d'œuillette et épur.
id.	1½ %	id.	Calicots, laine de France et tissus.
id.	2%	id.	Cire jaune étrangère, eaux de vie et esprits, huile de chenevis et de lin, morue de terre neuve, poissons de toute esp., peaux brut. séches en poil de Paris et salées, peaux de mouton séch., d'agneau en laine, et de chevrau en poil, safran du comtat et d'Espag., savon vert, tanneries et vins de liqueurs étrang. et de Bord. de Bourgog. d'Orl' etc. (ceux de Roussillon, d. St. Gilles, d. Roquemaure, d. Marseille, d. Bandolle et d. Toulon ont 3%.)
id.	3½ %	id.	Sucres terrés et têtes, sans distinct. de nuance et de provenanc.
id.	4%	id.	Huiles d'olive.
id.	4½ %	id.	Sucres bruts de toutes espèces.
id.	5%	id.	Carbonate de soude sec, cotons, indigos, sel de soude caustiq.
id.	6%	id.	Plumes d'autruches, de vautour, à écrire et de lit.
id.	7½ %	id.	Laines lav. mérinos et métis de tout. qualit. d'Espag. de Port. d'Italie, d'Allemagne, de Russie et autres laines fin. étrang.
id.	10%	id.	Savon de Marseille.
id.	sans	id.	Cire de France, citrons et oranges, coton filé, crin de France brut, chandelles, farine de blé, grains de toute espèce, légum. secs, miel du Gatinais, peaux fraich. des boucheries de Paris, safran du Gatinais, sel marin gris, soie de porc de France, suif de Paris, des départemens et des Pays-Bas.

Supplément et redressement du Tarif etc.

TARES *rectifiées d'après le nouveau tableau.*

Article	Tare
AMANDES cassées douces, en futs ou en couffes	nette
amères en balles et simple emballage	2 %
en coques en double emball. de 2 toiles	3 %
ARSÉNIC jaune d'Allemagne par baril en bois blanc de 50 - 60 kil.	4½ kil.
rouge dito id. de 100 - 105 «	7½ «
blanc dito id. de 200 - 210 «	11½ «
divers d'Angleterre	nette
CAFÉ Moka en balles au-dessus de 225 kil. avec gr. bour.	15 kil.
id. de 191 à 225 « id.	12¼ «
id. de 181 à 190 « id.	11½ «
id. de 161 à 180 « id.	10½ «
id. de 131 à 160 « id.	9½ «
id. de 136 à 160 « avec pet. bour.	8½ «
id. de 101 à 135 « id.	6 %
id de 76 à 100 « id.	7 %
id. au-dessous de 76 « id. (se livre sans corde ni toile extérieure)	7½ %
Bourbon en balles et simple natte	1 kil.
id. et double «	2 «
en ½ ball. et simple «	¾ «
id et double «	1¼ «
Havanne en toile de pitre simple	2½ %
COTON Bourbon, Sechelles en nattes de jonc, sans liens	6 %
id. avec «	8 %
Manille en double natte d'origine et les liens en jonc	6 %
Castellamere en simple toile, avec cordes d'origine	6 %
Carraque, Cumana, Varinas, Guyane, Minas en sur. de cuir, de 60 kil. et au dessous	8 kil.
id. au-dessus de 60 «	9 «
Levant de toute provenance, simple emball. sans criu	6 %
Macédoine, en joncs intér. et en tête (et 2 kil. don en sus)	10½ kil.

NOTA. Les cotons doivent être en emballage d'origine et se pèsent balle par balle, quel qu'en soit le poids On accorde 2 kil. de don par balle ou ballot, même en bon état de conditionnement, pour bords ordinaires, résultant de la poussière infiltrée ou du frottement et pour pièces ordinaires ne servant qu'à couvrir le coton.

Il n'est point accordé de don sur les surons en cuir.

Les avaries, surcharges, humidités, corps étrangers et réemballages sont arbitrés par deux courtiers.

Les cotons à livrer se traitent sur désignation d'espèce et de qualité ou sur échantillons. On indique le nombre des balles, leurs marques et numéros, et lorsque ces cotons sont en mer, on peut n'indiquer que le bâtiment qui doit les transporter et le port où ils doivent débarquer. Dans le cas où tout en partie de la marchandise serait inférieur à la désignation portée au marché, ou aux échantillons sur lesquels on a traité, deux courtiers désignés par les parties font un arbitrage pour estimer la réfaction à accorder par le vendeur. Lorsque cette réfactiou se trouve au dessus de 8 % l'acheteur n'est point tenu d'accepter les cotons. et le vendeur est obligé d'en livrer d'autres, conformes à la qualité qui a été stipulée au marché.

CUIRS secs de Buenos-Ayres et d'autres endroits d'Amérique se vendent au poids et se pèsent par 25 cuirs forts et les légers par 50. Sont reputés cuirs forts, ceux dont le poids moyen est de 13 kil. et au-dessus L'acheteur est tenu de prendre dix pour cent de taureaux. Au-dessus de 10 % et jusqu'à 15 % on accorde 1 kil. de réfaction par taureau, excédant les 10. Lorsqu'il se trouve plus de 15 % de taureaux, le vendeur en prévient et on convient de la réfaction.

Les cuirs se vendent exempts d'avarie et de piqûre.

Les avaries d'eau de mer et d'eau douce s'arbitrent ainsi que les piqûres.

Supplément et redressement du Tarif etc.

CURCUMA de Bengale et Java, en tous emballages	nette
GALLES en balles de crin avec deux toiles	5%
GRAINES d'Avignon, de Perse à teindre non dénomm.	nette
de lin et de Luzerne	id.
HUILE d'olive en pièces ou bottes et ½ pièces . du poids brut	le 1/6me
en futailles de 100 kil. et au-dessous . id	le 1/5me

La botte d'huile d'olive se règle en résiliation ou compensation de marché sur le poids net de 570 kil. Il est entendu, que la tare accordée est avec garantie de la fausse tare de la part du vendeur et que l'acheteur jouit du terme d'une année (sauf clause contraire) à partir de la facture, pour représenter la pièce vide et appeler le vendeur à sa vérification. Ce délai ou tout autre dont on sera convenu, étant expiré, toute réclamation est proscrite.

Il n'y a pas lieu à bonification sur la tare d'une pièce pesant environ 600 kilog si la vidange n'excède pas 3 pouces.

La bonification de la tare ne se compte qu'à partir de 4 pouces.

LAINES de France en suint sans emballage	nette
(On accorde 4% de don, avec liens de ficelle et 5% de don avec liens en paille ou écorce de tilleul.)	
idem lavées et pelûres, avec 2% de don	nette
d'Espag. de Portug. d'Italie, d'Allemagne, de Russie et d'autr. lain. fin. étr.	nette
La tare se fixe à tant p' ball. en vidant et pesant 2 ball. au choix d. vend. et d. l'ach.	
de Buenos-Ayres en emball. de toile	nette
en id. de cuirs	brute
de Vigogne	nette

L'usage général de la place est de la tare nette pour toutes les laines. Pour éviter le déballage on convient ordinairement de 4% pour les emball en toile, 5% pour ceux en crin; mais cela est facultatif.

L'acheteur qui aura pris livraison d'une partie de laines, et qui n'aura pas exigé la vérification de la tare, sera regardé comme ayant agréé une tare conventionnelle et ne sera pas admis à reclamer.

LITHARGE française	nette
anglaise en bois mince	5%
ORSEILLE des canaries en toile.	3%
du Cap vert en jonc.	nette
PIMENT Jamaïque en balles de toile simple	2%
en futailles	nette
Tabago en balles de 80 kil. environ simple emball. sans cordes et sur-charges	3%
POIVRE noir en balles de 150 kils en double toile	4 kil.
en balles et ballots simples	2%
blanc id.	2%
QUINQUINA de Calissaya en sur-oval de 25 à 30 kil.	4½ kil
id. en « carré de 60 sans jonc	8 «
id. en « id. de 60 avec jonc	10 «
RÉGLISSE de Bayonne en simpl toil. et corde — en balle de 55 kil. et au-dessous	2 «
56-75 «	3 «
76 « et au dessus	4 «
d'Alicante en balles ou essarions de jonc	nette
RIZ Caroline en tierçons de 280—300 kil.	12%
en ½ « de 175—190 «	14%
ROCOU du Brésil en paniers de 25—30 kil.	15%
SAFRANUM d'Espagne en simple toile	2%
du Lévant en ballots de simple toile	2%
en cafias de jonc et emball. de toile d'origine	10%
de l'Inde en balles avec cordes	8%

Supplément et redressement du Tarif etc.

SALSEPAREILLE d'Honduras	nette
de Caraque, en surons de cuir	5 kil.
SIROP de mélasse des raffineries de Paris	nette
SUCRES bruts en bariques de 400 kil. et au-dessus	17 %
en tierçons et quarts	18 %
en futs de vin de Bordeaux, sans barres	20 %
en sacs de simple toile à voile	7 %
de Bourbon et l'île Maurice	
en balle de 50—75 kil. en jones, double emball. sans liens	5 kil.
de 76 et au-dessus id	6 «
de 50—75 kil. en jones, simple emball.	3 «
de 76 et au-dessus id.	4 «
terrés et têtes en futailles	13 %
en tierçons et quarts	14 %
SUCRE terré Havanne en caisse au-dessous de 200 kil.	26 kil.
en id. de 200 kil et au-dessus	13 %
en ½ caisse	14 %
de l'Inde en caisses d'envir. 200 kil.	18 %
en balles de 76—100 kil. en double emball.	6 kil.
en id. de 50—75 « id.	5 «
de Cochinchine en id de 60—75 « simple jonc	3 «
en id. de 61—80 « id.	4 «
(en double jonc 1 kil. de plus)	
de Batavia en canastres	1[illegible] %
de Manille en balles de 40—50 kil. double emball.	3 kil.
SUCRE en pains des raffineries de Paris, avec papier et ficelle	brute

Le papier et la ficelle ne doivent pas excéder
5 % du poids brut sur les pains de 5 à 6 kil. dits 4 cassons
6 % sur ceux de moindre poids,
3 % sur les sucres d'un poids supérieur, tels que ceux dits Lumps.
Les sucres destinés à l'exportation sont livrés à 4 % de papier et ficelle taux fixé par la douane. Dans les raffineries de Paris les futailles et l'emballage sont à la charge de l'acheteur.

SUCRE en pains d'autres raffineries, brute pour nette, tels qu'ils se comportent, avec papier et ficelle pesés sur le plateau. Lorsque ces sucres sont en futailles, l'emballage reste à l'acheteur.

THÉ Hyson et Hysonskin en ¼ caisse	9 kil.
Tonkay, Perlé, Impérial / Junior, poudre à canon id.	10 «
Soatschon id.	12 «
Congo, Pekao et Bohé id.	13 «

La tare de toutes les subdivisions, telles que huitièmes, seizièmes et trente-deuzièmes de caisse, se règle proportionnellement.

NOTA. Les articles qui ne sont pas compris dans ce supplément, se trouvent sous la rubrique de Paris, et restent, à l'exception *de l'escompte*, tels qu'ils sont indiqués. Pour éviter toute erreur il faut absolument consulter le Tarif primitif et le Supplément.

MULHAUSEN, de l'imprimerie de JEAN RISLER ET COMP.

www.ingramcontent.com/pod-product-compliance
Ingram Content Group UK Ltd.
Pitfield, Milton Keynes, MK11 3LW, UK
UKHW021821190726
13853UKWH00003B/1099